U0938651

錢塘沈竹礽先生◎著

北京學易齋刊行

鄭同◎校閲

華齡出版社

影印原本

增廣沈氏玄空學

［上］

影印四庫存目子部善本匯刊［九］

謝路軍◎主編

责任编辑：薛　治
责任印制：李未圻

图书在版编目（CIP）数据

影印四库存目子部善本汇刊．9／（清）沈竹礽撰；谢路军主编．—北京：华龄出版社，2019.5

ISBN 978-7-5169-1433-5

Ⅰ.①影…　Ⅱ.①沈…　②谢…　Ⅲ.①哲学－古籍－善本－汇编－中国　Ⅳ.①B2

中国版本图书馆 CIP 数据核字（2019）第 064025 号

书　　名：影印四库存目子部善本汇刊（九）
作　　者：（清）沈竹礽撰　谢路军主编
出版发行：华龄出版社
印　　刷：北京朝阳印刷厂有限责任公司
版　　次：2019 年 6 月第 1 版　2019 年 6 月第 1 次印刷
开　　本：880×1230　1/16　　印　　张：68.5
字　　数：336 千字　　印　　数：1～600 册
定　　价：760.00 元（全二册）

地　　址：北京市朝阳区东大桥斜街 4 号　　邮　　编：100020
电　　话：（010）58124218　　传　　真：（010）58124204
网　　址：http：//www.hualingpress.com

增廣沈氏玄空學序

余以葬事涉獵地理諸書覺其說龐雜有歧之又歧之慨及讀沈氏玄空學江迂生太史序曰巒頭徵實古今無僞書理氣課虛古今多僞訣信哉斯言然後知余嚮之未始學學自今始也竊　竹礽先生之學竊以爲先生當世衰學晦之際得天人合一之旨毅然有澄清天下之志可謂觀止矣壬申冬之杭州晤　先生哲嗣瓞民瓞民亦恂恂爾雅有　先生之風恪守其學而勿替是書爲　先生遺著之一惜未手定而歿經瓞民與迂生搜集殘缺訂定體例以成斯書行世以來久爲學者所重視矣後瓞民復搜羅　先生諸稿而尚未列入書中者時有所獲數載之間頓成巨帙惜夫迂生已歸道山而瓞民又以從政無閑暇乃由王君則先賡成之名其書曰增廣沈氏玄空學較原書多泰半內附有迂生遺著則先補闡

暨申君笙詩起星立成圖於是玄空之說此書悉備夫則先笙詩者爲厥民之講友亦能傳　先生之學者也書將付梓由朱君嘉琳措資僅得過半余更助之使底於成也惟今之談地理者以巒頭爲形理氣爲法其實否也蓋巒頭以左青龍而右白虎前朱雀而後玄武斯固形也而理氣以南午北子東卯西酉是亦有形之可據安能謂理氣無形者乎易繫傳曰形而上者謂之道形而下者謂之器以巒頭一山一水猶器也是謂形而下也可以理氣之一山一向是道也即形而上之謂也惟易以形括上下器則徵實道則課虛此巒頭理氣實一而二二而一也或以爲玄空之挨排其法非古殊不知肇自易緯得康成闡發而益詳後漢書張衡傳註節錄其說名儒之篇章俱在奈何人病而不求之歟且紫白之圖始於北魏正光歷今之歷書猶師其法而不衰噫又何疑哉書成乃序其梗概

中華民國二十二年八月江蘇吳縣周師熊謹序

重編沈氏玄空學題詞

天地壹壹時抽其祕識者遇之俯拾亦易自羼謬說若眞若僞大好巒頭誤於理氣堪輿之學其來有自陰陽流泉立法伊始管郭楊曾承其統系千載悠悠毫釐千里一行滅蠻反以旣已雲間好辨徒多禁忌卓哉 先生應運而起河洛是宗玄空是寄太乙遊宮元運掌指順逆挨排衰旺生死得令則取失令則棄斡旋世運承平可冀救濟之心畢生是矢斷簡零篇惜成廢紙家學淵源賡續可喜吾敬厥民不媿肖子適有吾友莘農太史互訂成書不墜厥旨乃及下走得窺一二如參佛乘五體投地恨乏之美實未能澈底聊摛俚詞藉伸延企

壬申終日後學奉化江五民

重編沈氏玄空學序

堪輿之學巒頭理氣二者而已巒頭不外龍穴砂水然非閱歷既深知之亦非易易至理氣之書派別最多以蔣氏辨正爲最玄祕而不可曉余昔嘗從事研求誓非得玄空眞諦不復言地理習之五六年惘無所得將廢棄之及友人周杕青謂章仲山直解於玄空最有門徑江莘農太史謂張心言辨正疏於辨正最易入門余略究二書凡蔣氏所隱祕者章解未有特別發明張疏別出見解以大卦二字當六十四卦代名詞竟類師門轉手吾仍未能有愜於心及後莘農以　竹礽先生玄空學見惠開卷讀之如獲南針於五里霧中輒爲狂喜乃知楊曾之說眞相地祕書得　先生探其奧而啓其鑰其嘉惠仁人君子不淺矣書凡四卷四運之初由其嗣君瓞民觀察及莘農太史共同編輯已行於世重編得六卷第一二卷爲

先生遺稿第三卷爲章仲山宅斷而　先生增其註解第六卷則纂集各家著述而略有訂正其第四第五兩卷則莘農與申君笙詩排定三元九運下卦起星山向圖說便學者之探索者也今年余獲問業觀察君易解外間及玄空語以　先生譔說留存者尚多必增輯之乃成完璧爰蒐檢得若干條悉交餘姚王則先先生從事纂入年終可以出書而委余弁以一言夫　先生之書直探河洛余淺學何敢贊一詞獨是　先生之用心猶梅定九氏之演算恐人不知吾慮狃於謬術者先有雜駁之論說橫梗胸中而於此書或疑其說之新而不敢信或畏其義之奧而不暇求即有稍窺其理而未能觸類旁通並有慮旺山旺水之不多而難於覓地者　先生之苦心不克見諒於世而挽回世運之希望將遙遙無期矣不知熟於　先生之書者旺山旺水外有替卦以通其變有兩向以補其偏有

三般卦以妙其用。有打刦法以弭其缺。有城門一訣以濟其窮。作法綦多不難按圖而索驥。蓋其學自易理來。故於楊曾之說。能澈其指歸。而不類蔣雲間之不脫術家習氣也。然則人不欲知葬說則已。苟知葬爲一大事。而欲稍涉藩籬。舍　先生之書將安所歸。抑吾更有一說。欲爲人言之。葬爲大事。謀之宜早。吾維因循蹉跎。觀書無當。以致葬親有誤。罪無可逭。凡有父母者。宜弗蹈我之故轍也。重編頃尚未出。吾知其有補於前編無可疑者。莘農已矣。未知觀察君視吾說爲何如。

中華民國二十二年秋後學奉化江五民

沈氏玄空學序

相墓之術曰巒頭曰理氣巒頭其體理氣其用二者不可偏廢也第巒頭徵實古今無僞書理氣課虛古今多僞訣三元三合聚訟紛紛勢如水火平心而論三合家之卑不足道無待贅言三元則權輿卦象根據圖書其義理實顚撲不破惟自蔣杜陵著地理辨正玄空眞訣祕密不宣其見知聞知者惟姜氏汝皐章氏仲山溫氏明遠姜註奥語章著直解溫著續解學者非得挨星之法即讀其書仍苦無從索解於是三元僞訣人自爲說無所折衷居今日而欲得楊公理氣之眞相不戛乎其難哉錢唐沈竹礽先生幼年孤露稍長思卜地塟父博考相墓諸書其於理氣也初習三合知其謬而致力三元以重金購仲山宅斷於其後裔既得奥竅爰著地理辨正抉要靈城精義箋地理諸書僞正考又將仲山宅斷重加訂正發明

其所以然俾玄空理氣學者得門而入視杜陵之嚴守祕密其用心相去霄壤矣辛酉夏五志伊獲交先生哲嗣瓞民觀察於吳門壬戌十月得先生所註仲山宅斷於宜興徐氏錄副本歸思之半年始通其法癸亥臥病宣城瓞民來書謂丙午先生寢疾時遺命將所著書傳之其人以公於世編輯之役舍君莫屬伊於先生在私淑弟子之列夫何敢辭甲子病愈稍稍從事又挈至吳門白下與瓞民商定體例數月蕆事名其書曰沈氏玄空學內分四卷曰自得齋地理叢說曰九運挨星立成圖曰章仲山宅斷詳註曰挨星古義竊以先生之學前無古人如羅經挨星替卦城門訣反伏吟令星入囚生成合十七星打刦四十八局諸訣均發前人所未發而論世人祕密之謬尤使若輩無可置辭學者得先生此書而精求之以之卜地葬親可免上山下水反吟伏吟及兼向差錯出卦之病即江湖術士

得此書之緒餘。不致以三合庸術。自誤誤人。其造福豈有涯涘哉。編成爰誌其緣起於此。

歲在乙丑四月下浣。旌德後學江志伊謹序。

附錄　癸亥九月。先生哲嗣。瓞民觀察致伊書云。先君易簀時。欲以所學傳姚江胡伯安姻伯。遲焉不至。因占一課。自斷云。中元甲子將交未交時。西北方有人定能發明此學。將來此書出世。可爲地理學之破天荒。近人造葬陰陽差錯。世將大亂。此書出。學者可免歧誤。再能精益求精。理氣不謬。國勢必興云。及伯安至申。先君已逝。手抄所註仲山宅斷以去。茲將先君遺屬郵君閱之。書示緜兒杭州親友來。咸謂汝爲父覔塋地。登山涉水。無時休息。志誠可嘉。父不幸少孤。汝祖母於杭城陷時。投井殉節。求遺骨不獲。心常耿耿。何敢妄求吉地。以安臭皮囊。只求四山平穩足矣惟父前因卜葬先世遺骸即研究玄空之理百思不解叩之稍知門徑者多祕而不宣動以天機不可洩漏搪塞其實若輩亦一無所知甚有謂三元三合須參用者騎墻可哂嗣偕伯安至無錫以重金購得章仲山宅斷漏夜錄成卜居上虞之福祈山日夜窮思未明其奥偶閱五黃入中宮運圖開悟後天八卦之理昔日疑團一旦盡釋而入於生入剋入生出剋出比和（謂爲歸魂亦曰復位）亦心目了然以讀辨正等書迎刃而解惜蔣氏當日亦多知其當然不知其所以然者章氏能明其理惜嚴守祕密華氏有傳世之志惜學太幼稚無甚闡發乃將仲山宅斷逐圖詮註俾世人洞然知天機之所在今日西人於聲光化電一有所得不惜原原本本著書公世眞所謂洩盡天機者何嘗偶遭天譴父老矣生平談此學每爲人所訐詰雖欲洩盡天機人終不信豈天機竟不使

吾洩盡耶。近日舊病復發。知不能久在人世。念朋好中惟姚江胡伯安增戊尚有同好。刻電召來申。傳以此學。惜彼家事繁多。不能即至。占得一卦。得家人之蹇。亥水父母爻值旬空。恐非亥年不能昌明。易林彖曰。五方四維。安平不危。利以居止。保有玉女。又卜斯學何年可得人行世。得旅之艮。卯木父母伏而不見。酉年兒當遇一人。其人亥水官星亦伏。大約予父子猶未見之也。亥在西北。當於西北方求之。易林彖曰。良人淑女。配合相保。多孫衆子。歡樂長久。父死之後。汝對於吾之遺書。决不可視爲珍祕。有欲借觀借抄者。舉以予之。切勿效器小者之爲云云。緜

按辛酉夏。五晤君於蘇。君居宛陵。在申之西北。得先君所註仲山宅斷在壬戌冬。通其奧窾。實在癸亥。蓋無一不與先君所占相合者。先君遺書編輯行世。舍君其誰與歸乎。伊案高淳東壩有白雲眞人乩壇。靈異

素著。壬戌四月伊叩挨星之學。乩云地理之學。自有眞相應。行專注正軌。免被雜說所惑。挨星非熟精易理。參得其竅不可。機緣未至。吾未便授汝以道也。數年之後。不昧夙因。自有所遇。七月又叩之。乩示一詩。有月白風淸際有緣句。十一月伊至宜興。爲徐遂初觀察之封翁。卜塟藕山。封翁卽假仲山宅斷於瓞民者。取書以歸。錄藏行篋。原本鄭還瓞民。癸亥九月。瓞民郵此函以編輯先生遺書見委。十二月至東壩。復叩于壇。眞人乩示云。所得沈書挨星法。的係蔣氏眞傳。適符前數。而本壇所示。月白風淸之句。至是亦有奇驗。月白二字。暗寓祖緜（瓞民之名）之中。風淸二字。按之淸風徐來。此書因由徐而來也。不昧夙因者。卽許汝能覺其奧也。今欲以此書行世。具見公道。且可補救於時。以免地理家暗中摸索。誤人不淺。待汝沈痾脫去。匯集付梓。造福無疆矣。因果如此。特詳誌之。以諗世之讀此書者。

乙丑夏五志伊謹記

沈氏玄空學序

甲子三月予友鄧契一居士邀沈君瓞民自蘇來甯相度法雲寺道場越數日予同年江莘農亦至相與商决建殿基址背西面東而以前擬建殿之地興築佛教慈幼院予之識瓞民自此始瓞民遂於形法家蓋承其家學也嗣是法雲凡有興建輒就咨詢瓞民和易篤厚談娓娓不倦自稱蓮池大師族裔於佛門事尤傾誠策畫予敬異之今年七月瓞民自蘇寄其先德竹礽先生所著玄空學屬敘簡端予於青囊諸書未涉津涯何敢妄有論列強不知爲知第念莘農從事相墓最久探玄索幽融貫諸家晚年尤多實驗用心力彌勤曩語予曰沈書挨星法的是蔣氏眞傳此次編訂各稿心神冥契謂先生之書前無古人自居於私淑弟子之列莘農不苟言之君子推崇至此則是書必能信今傳後無疑矣抑又聞瓞民在蘇蓮

池入夢於其掌中畫一卍字微笑而去次晨契一卽邀之來甯法雲爲念佛放生道場專法雲棲此中殆有一段香火因緣不可思議云因並記之

乙丑九月江甯魏家驊

沈氏玄空學跋

自司馬溫公不信風水。而儒者或卑視堪輿。以爲妄人之所爲也。然予考儀禮既夕。禮有云。筮宅冢人物土。鄭君注。謂物土爲相地。則相地固聖人之所重也。相之如何。周禮小宗伯。有卜葬兆之文。鄭註兆墓塋域。夫墓塋之域。而稱曰兆。蓋猶今俗所云風水地。則相地之術。亦堪輿而已矣。儒者皆誦論語。莫不知葬之以禮。顧於堪輿則或毀之。不知其爲禮家之事也。毋亦未之深考歟。泉唐沈瓞民先生。內子之師也。二十年前。先生教授新地理學於滬上。內子爲女師範生。從先生受新地理學。先生之新地理學。名滿天下。予亦以新地理教學滬上。與先生交友。既而予去滬。先生亦宦遊。南北相別。蓋十有六年。去歲甲子之春。爲先母葬事。家君命訪堪輿名家。一日在金陵。謁旌德江迂生太史。忽遇先生於旅邸。談次先生述家學。

始知先生精堪輿也。先母宅兆。以先生指示玄空法。幸獲安厝。而先生復教予此學。予竟得窺見一二。嗚呼。此先生之盛德。予豈敢忘哉。予嘗讀地理辨正數載不解。自先生指示。而後知有管鑰。在先生蓋傳其尊人竹礽公之學。公爲學甚博。堪輿之書無所不讀。而理氣卒以玄空爲正。予每遇先生。先生談堪輿。輒臚舉各家。論其得失。源流清晰。如目錄家之分別部居。蓋先生家學如此。此所謂通學也。夫儒者妄堪輿。皆由不深考其故。而惑於江湖術士。囿於一曲之所爲耳。使其遇通學。則亦何妄哉。今年夏先生以迂生太史所編次沈氏玄空學四種郵示。皆竹礽公之遺著也。先生不以予爲不可教。而屬爲之跋語。顧予於先生家學。僅窺見萬一。予何敢置辭。惟以竹礽公洩天地之祕。俾葬親者得由此以盡其禮。亦孔教之功臣也。則不能不以告天下儒者。夫玄空之學。洛書之學也。明堂之學也。用洛書於明堂。義見大戴禮記盛德篇。其文有云。明堂者。凡九室。二九四七五三六一八。又云明堂天法也。又云天道不順生於明堂不飾儒者而明此義焉則堪輿之不外乎禮亦思過半矣予敢告天下儒者曰沈氏玄空學葬禮之所必以也願天下儒者共學之

歲在乙丑八月潮日上海再傳後學姚明煇頓首拜識

沈氏玄空學四種序

自公劉遷豳。相陰陽觀流泉。後世形家之說以興、然但察地形、未觀天象、其於體用終難兼賅、夫既曰陰陽、復曰流泉、固明明盡仰觀俯察之能事。古人文辭簡質、惜後之學者、未能心領神會耳玄空之學、握陰陽之樞、發圖書之祕、古今知者不過數人、明蔣大鴻氏、著地理辨正、僅存玄空之名、未傳玄空之用、遂致異說紛紜。莫可究詰。雖有好學深思之士。廢寢忘餐終難索解、此皆蔣氏誤解天機不可洩漏一語有以致之。錢塘沈竹礽先生。工詩文善書畫尤擅堪輿之術。嘗以重金購得章仲山宅斷苦思力索未能驟明偶因讀易。悟洛書五入中宮之理。遂豁然貫通。取閱宅斷、及地理辨正諸書。無不迎刃而解。先後成章仲山宅斷詳註。地理辨正抉要。靈城精義箋。地理諸書僞正考等書。皆發前人不傳之祕。導後學正路之由。

繼往開來足垂不朽。先生嘗論先後天卦位合十。通中央戊己之數。各成十五。孔子所謂五十學易者。卽此是也。又論變者河圖。不變者洛書。此等創解前無古人。非讀書得間。洞見本原者。曷克臻此。今哲嗣瓞民觀察。先彙刊自得齋地理叢說。九運挨星立成圖。章仲山宅斷詳註。挨星古義。凡四種。餘待續梓。行見玄空之學昌明於世。挽回氣運。非先生之力。其孰能之至。先生生平事略。具見表傳。蓋古之振奇人也。

乙丑八月上弦　古越王蓍謹序

沈氏玄空學四種序

玄空之學肇自河雒其傳最古而用尤神然非深明易理者未易窺其堂奧自晉郭景純演經立義玄空之名大著唐邱延翰楊筠松先後繼起傳授有自宋吳景鸞元張定邊亦各有傳書迨明蔣大鴻雖得玄空正傳著地理辨正然其註天玉經以爲天機祕密不可洩漏大失昔賢著書垂教之本旨章仲山辨正直解亦未盡披露遂致僞說並起莫衷一是幾使玄空之學不絕如線良可慨也錢塘沈竹礽先生抱經世才未能大用退隱滬瀆著述自娛平生爲學好深湛之思爲文宗桐城詩則由盛唐上溯魏晉兼工繪事得元人高逸之致嘗謂有清一代文如方姚詩有漁洋初白諸家均可獨立千古即以畫論若四王吳惲亦皆名播藝林傳諸久遠後人殫精竭慮能越其範圍恐盛名終爲所掩故先生於詩文繪事外每思

別樹一幟。少好地理，從事最久。初習三合，漸覺其非。後因研究易理，遂悟玄空心法。著地理辨正抉要、靈城精義箋、地理諸書僞正考、章仲山宅斷詳註，皆發前人所未發，譬之孤經絶學，厥功甚偉。生平著作甚富，行世者僅李文忠所刊泰西操法六卷、地雷圖說二卷、過山礮圖說二卷。其餘詩文雜著，均藏於家。哲嗣瓞民觀察，曾爲華居停主人，故得捧讀先生遺著。今觀察彙刊先生玄空學四種，爲自得齋地理叢說、九運挨星立成圖、章仲山宅斷詳註、挨星古義，都凡四卷，並得江莘農太史爲之編次，足稱善本。書成，觀察屬華校勘，並索序言。又何敢辭？竊謂先生負奇才異能，安於下位，未竟其志，立言傳世，足垂不朽。其存心之公，與望世之治，昭然若揭。倘僅以方技目之，則淺之乎測先生矣。

旃蒙赤奮若壯月紹興後學傅華謹序

沈氏玄空學序

易曰河出圖洛出書聖人則之古人每多連類而及之辭其實河圖洛書二者迥殊舊解謂河圖即八卦洛書即九疇是也蓋八卦以辨方位而宅中國大九疇以組社會而開國承家本不可混視也或曰河洛皆古國名竹書紀年猶有河伯洛伯蓋河洛二國所出之圖書然非也古圖籍例以發端題名八卦發端乾坤二卦位當最下乾卦一爲龍坤卦一爲馬故曰龍馬負圖簡稱曰龍圖乾又以一畫開天即是天一生水遂人伏羲皆起黃河沿岸故曰河圖若洪範九疇發端於初一曰五行之水水爲北方玄武龜故曰龜書禹興於洛故曰洛書然而河洛圖書咸發端於水則水爲萬物生生之源此與希臘大勒士言水爲宇宙之本質今堪輿家最重一白貪狼又古今東西哲家所見略同也此吾人對於河洛圖書正當之解

釋也然自趙宋而還習非成是至以五行生成數爲河圖以太乙下行九宮法爲洛書堪輿家不能遠徵則亦相與沿用之而成專門名詞其實皆河圖八卦之事而已矣嘗考尸子稱遂人仰觀辰星下察五木以爲火五木用寄五行五行者四象加中央是也又考管子稱虙戲氏造六峜以迎陰陽作九九之數以合天道案峜當爲畫之古文奇字六畫者卽伏羲重卦之證也八卦猶止三畫若爲六畫則已成六十四卦可知也矧伏羲旣能作九九八十一之數豈有不能畫八八六十四卦之理哉至九九之數則卽周髀算經所謂古者包犧立周天歷圖圓出於方方出於矩矩出於九九八十一者是也周髀又言凡爲八節二十四氣此亦與尸子謂伏羲畫八卦列八節之說合又言冬至晝極短日出辰而入申夏至晝極長日出寅而入戌冬至從坎陽在子日出巽而入坤夏至從離陰在午日出艮

而入乾此與淮南子天文訓謂子午卯酉爲二繩丑寅辰巳未申戌亥爲四鉤東北爲報德之維西南爲背陽之維東南爲常羊之維西北爲蹏通之維日行一度十五日爲一節以生二十四時之變斗指子則冬至加十五日指癸則小寒加十五日指丑則大寒加十五日指報德之維則立春加十五日指寅則雨水加十五日指甲則驚蟄加十五日指卯則春分加十五日指乙則清明加十五日指辰則穀雨加十五日指常羊之維則立夏加十五日指巳則小滿加十五日指丙則芒種加十五日指午則夏至加十五日指丁則小暑加十五日指未則大暑加十五日指背陽之維則立秋加十五日指申則處暑加十五日指庚則白露加十五日指酉則秋分加十五日指辛則寒露加十五日指戌則霜降加十五日指蹏通之維則立冬加十五日指亥則小雪加十五日指壬則大雪云云之說亦無不

合惟周髀之乾坤艮巽四維而淮南則易以報德之維背陽之維常羊之維蹏通之維名謂不同耳此考諸古而今堪輿家所用羅盤之二十四山向遠來自上古三代者一也又考古醫經論病源用八方對衝一九相對故子午衝而寒熱可以互勝三七相對故卯酉衝而溫涼可以互勝二八四六相對二坤熱土八艮寒土四巽溫土六乾涼土坤巽得溫熱之氣則皆濕土艮巽得寒涼之氣則皆燥土溼土漸於辰旺於未燥土漸於戌旺於丑故辰戌丑未衝而燥溼可以互勝靈樞九宮八風篇及素問五常政大論云委和之紀眚於三凡五段及六元紀大論云乙丑乙未歲災七宮凡十五段文義蓋如此此考論古而今堪輿家所用挨星之一二三四五六七八九遠來自上古三代者二也大抵古者學以世授遂人伏羲皆風姓黃帝時猶有風后故魏博士淳于俊稱伏羲因遂人河圖而畫卦乾鑿

度云昔燧人氏仰觀斗極以定方名庖犧因之而畫八卦黃帝受命使大撓造甲子容成次歷數五行九宮之說自此而興是可知河圖八卦九宮一貫之事皆原於斗極斗位北方水紀肇彰河圖分之而爲八卦加中央則即九宮也夫卦字从卜以驗吉凶宮象棟宇義取宅居詩云相其陰陽觀其流泉大戴禮明堂篇云二九四七五三六一八此皆上古以八卦九星奠都作室之證也蓋斗極建於上而氣化之流行於下無往而不在也故物各有一天地不獨人身一小天地也雖人死化而爲異物猶自有其一天地在也此則八卦九星不獨可施諸生人之家屋并可用諸死人之墳墓其理甚彰彰也周官有墓大夫孝經曰卜其宅兆而安厝之書闕有間其詳不可得而聞漢志始著宅書東京肇有葬法雖承學之士盛稱郭景純楊筠松以下諸大師要皆修明古先聖之遺緒者而已遜清三百年

問考訂學之盛大有歐洲古學復興之象而堪輿之術有杜陵蔣大鴻著地理辨正一書爲言玄空學者之圭臬青囊玄空皆後世所名然玄位北方上斥斗極則亦猶古之義也惟是蔣氏之學本有可議而沿其派者浸傷弇陋余幼承庭訓粗覯徑涂頃年爲漢書藝文志講疏竟繼撰隋書經籍志講疏益於此道希冀洞識源流當任東南大學教授時因李審言前輩得識沈子旣民觀察出其先尊翁竹礽先生遺著多種余受而讀之不勝驚服竹礽先生堪輿之學博大精深可謂集此學千年來之大成者豈第上掩蔣氏而已旣民告余謂其尊翁惟楊筠松無間然其餘則多有微辭或大聲指斥而於蔣氏尤甚誠哉是言也嘗思經生治漢學而能明堪輿爲蔣氏諍友者吾鄉先達有張皋文先生著青囊天玉通義最近有廖君季平前輩季平著書更多獨於三元九運之說祖述劉歆三統歷然非

也。余謂今堪輿家所用三元九運法、出奇門遁甲、俞理初癸巳類稿已言之。九星本先由時間。而後布濩於空間。今堪輿家之爲三合法者、拘囿於方位、宜其不如三元法之奇驗也、且以今用羅盤言之、靈素緯候諸古籍所載祇普通板盤一盤、而爲玄空之法者、則更加以運盤山盤向盤三般卦而後吉凶可斷。斯則眞所謂專門之術已。蓋言古者必有驗於今、玄空家法既已應驗如神。則奇門九宮本屬一家事也。今竹礽先生。大明玄空諸家之學。更發明城門替卦諸訣。言近代諸師所不能言。並著地理諸書僞正考。尤爲治堪輿學之門徑書。竹礽先生以爲由此而可救世亂致太平。且不屑祕密。廣傳諸人。此其設心之公忠。尤豈從來堪輿諸師所能及哉。抑吾聞巢居知風。穴居知雨。人類原始皆嘗經巢穴生涯而來。其先知何遽不若鳥獸蟲蟻哉。然而余觀世界文明之發源地。必在河流。若埃及之尼羅河若印度之辛頭河殑伽河若巴比倫尼亞之底格里斯河哀甫拉底河皆以天時地理之樂易故其民族之所爲居遂亦不發生何等特殊之方術獨吾中國不然其文明之發源地在黃河流域以其風沙之荒寒土地之磽确山川之廣漠重以他蠻族侵陵之頻煩遂不得不排萬難而冥冥中逼迫吾民族之所以爲居者產生世界無二之奇術一若其得之也艱故享之也久此則八卦九宮之所由來也歟惟有八卦九宮故陰陽二宅每一奠居輒綿延子孫千年百年是以中國民族之蕃衍皆從上而下其祖先千百年之遙猶有譜牒可稽而與他國民族之蕃衍輒從四旁橫溢而來其祖先多不可稽考者大不同夫從上而下之民族無以名之名之曰嗣民族從旁四溢而來之民族無以名之名之曰流民族二者之較不難立判蓋人情莫不念其祖先尤莫不愛其種姓仁人孝子必由

此始。黄帝老子曰。天道無親。常與善人。是故堪輿者。中國之國粹。而實有史以來千聖百賢傳心之學也。今當此世界大通之際。竹礽先生乃適逢其會。大昌明此學。重以其喆嗣瓞民先生善繼志述事。家學淵源。悉公同好。當非天佑吾民族篤生聖哲。仁孝之士。將有大造於中國前途之徵哉。

中華民國十四年夏曆臘月寓白門武進顧實拜序

沈竹礽先生玄空學遺著題詞

蔣智由

天地有元氣。山川發其機。正以誕聖智。雜爲蠕走飛。形勢森尊卑。拱衛儼皇畿。衆水前朝宗。顧留相因依。哲人明其故。結構窺精微。造化開竅奧。德誠感陞戲。幽原與崧高。載之上古詩。其言覈且正。衆術徒糅厖。治亂演天運。如冬夏嬗移。地德賚厚生。乾坤乃分司。古有名形家。堪輿事異宜。絕彼天地通。重黎與我期。晚說事牽引。沾沾粘膠黐。宜一掃刮絕。獨自窺兩儀。務廣或旁涉。不庸瑣支離。沈侯爛沈博。深思無不采。參闡貞元理。河洛窮劃劙。孤往搜冥眇。精力亦云疲。自成一家言。方俟百世知。想當得心時。賞奇釋狐疑。令子恭迺家。開櫝揚光基。纍纍羣籍名。玉檢銜金匙。嘗惜漢藝文。今存一何稀。期付剞劂盡。無使琳瑤虧。蔣章苦輇薄。自逃祕密爲。公學過其儕。大公蔑我私。庶賡楊曾蹟。上又管郭窺。何有一切法。大鈞獨我師。

敬題

竹礽丈玄空學遺著

世間萬事忘機好。了了天心共見之。心折先生豪雋極。但開風氣不爲師。

成句

熟精地理通天理。補種心田即福田。欲乞金鍼度流俗。德門何地不牛眠。

乙丑八月費樹蔚初稿

錢唐沈竹礽先生傳

太倉唐文治

嗚呼粵匪之難蹂躪徧十數行省江浙罹禍尤酷賊蹤所至四出侵暴鮮得幸免惟一二有道之士能於叢莽荊棘雨雪風霜槍林白刃之中冒萬死出一生以底於安全如予所聞沈君其人者非偶然也君名紹勳號竹礽浙之錢唐人父觀淮字竹坪妣氏陳繼妣氏徐欽旌節烈爲君之所生妣君生三歲而孤咸豐十一年冬杭城陷君時年十三聞城破母子相持泣賊蹤跡得之挾君去不得返顧途遇乳媪某告之曰主母從井死矣君大號欲追詢一語賊持刀脅之噤不能發自是奔竄遷徙徧嘗諸苦同治元年正月輾轉至松江爲洋將華爾所拯編入童子隊隨常勝軍習洋操華爾守松江克慈谿君皆與焉華爾之婦姚長於鄞故桐城籍遇君尤厚顧君自念數年茹苦不死者徒以孤故也今從軍設不幸何以自解於向

之聞母殉而不返會華爾陣亡乃至上海就錢業操奇贏顧時以不得家耗爲憾什一所入節衣嗇食爲覓母骸地前後十年間凡七至杭磬其貲卒不得輒痛哭返引爲終天恨華爾之卒也遺產頗饒姚氏援西國例以滬上法租界沿浦地値貲百萬悉以貽君君力辭不受姚卒君經營其喪送櫬至甯波於遺產絲毫無所私君家未遘難前故殷富徐節母嘗以田契債券寄託某戚家兵燹後爲人侵奪吞沒殆盡君亦不之詢生平著作甚富隨華爾戰後以所閱歷著泰西操法六卷地雷圖說二卷李文忠公撫吳時刊於蘇州又有詩文雜著都若干卷藏於家配吳繼配謝皆先君卒續繼配袁有子二長祖緜次祖芬祖緜字仄民被服儒雅邃於輿地之學有古君子風一日袖其先人行狀頓首請傳於予因撮其犖犖大者備後之志乘者採焉論曰辭受取與之間士君子之大節也非辨析乎義利

之精者鮮不眩惑當姚氏以華爾遺產授君脫君稍有依違不難坐擁厚資以分丹穴之利迺岸然不屑甯溷迹市廛以終身彼其廉節有輓近士大夫所難能者矣以十餘齡孤子極瑣尾流離之阨卒卓卓有所建樹以貽厥後吁有以也夫

錢唐沈竹礽先生墓表

興化李　詳

治世無奇才以非所須則不生至亂世而才之奇者橫軼突出往往出人聞見之外然其中有遇與不遇天若制之若不制之夫不遇與遇者値其勢足以相攝而託命於遇者之口非忌則抑才雖奇迄不得申其一二才則挫矣奇固在也則不可以不述錢唐沈君竹礽年十三遭咸豐十一年杭州再陷一門殉者七人母氏預焉君落賊中洋將華爾破賊於松江之延喜浜拔君出養以爲子敎君英語及兵法測繪之學復延師課以中國文字華爾之夫人姚氏詢其家世尤深憐君君宿慧習知戰事同治元年隨華爾攻克嘉定旋復靑浦君先登又以偏師助甯紹台道張景渠克復鎭海甯波以巡檢註選自浙回與潘鼎新約攻金山潘師尙距金山十許里君已克縣城特迓潘歸以首功復隨華爾出吳淞攻克劉河與李恆嵩

軍再克青浦改以縣丞用加六品銜其後華爾攻下浙之慈谿中礟隕君負其尸歸殮葬於松江二年姚夫人亦卒君如失怙恃姚未卒時以遺產授値可百萬君郤去姚卒哭泣如禮後改隸白齊文軍白頗懷反側君規以正弗聽白事洩戈登領其衆聘君譯兵法訓練新募之勇戰比勝君年甫十六耳從戈登會程學啓攻蘇州說下賊中六王在前君先克滸墅關蘇既下李文忠用程學啓計殺六降王戈登誚文忠無信謝去君隨之文忠屬人陰留君不可猶強令君譯泰西操法六卷地雷圖說二卷過山炮圖說二卷飭籌防局印行文忠後官直隸思君前事起君赴北洋差遣於光緒十五年檄赴威海衛旅順查覈海軍軍器良窳令據實以聞君綜海軍器械均法國廠製法商因緣爲姦利不如新式者其病匪一作圖說上之又言日本向德廠購置大宗軍火汲汲興復海軍某前在上海見彼國

兵輪所用速率快砲均德國新式其水雷尤爲堅利我北洋各輪裝配砲位既舊且少以勢力論敵日尚不能何况英德且日本密邇北洋我要隘各口距彼佐世保港一葦可杭况自台灣琉球朝鮮各役以來狡焉思逞一旦有事北洋首當其衝彼利我鈍勝負不待蓍龜文忠頗韙其說時方移海軍費報効頤和園工程無力改舊至甲午海軍盡熸說乃大驗君上此說時慮爲忌者所中以智自免復請開濬遼河上流通松花江支流之伊通河自牛莊至俄屬西伯利亞各地庶幾一水可達立變盛京爲富庶之區需費有限獲利無窮文忠年耄畏事亦不能用君自是一意爲商賈無復用世心矣君雖隱於賈日以讀書遣興自傷沈氏自宋迄今代爲錢唐冠族遭亂失學僅知父祖以上三代名諱其後乃稍稍知先人名迹著迹奔走十餘年揭零丁市上得省一二親族從訪先人墓址稽其所在創

爲錢唐沈氏家乘其自序一篇則君於亂離之後述家風陳世德九死獲濟不絕如線世復知有錢唐沈氏家世者君之功也君此書錯綜史法爲世系世德濟美揚芬世尊藝文遺跡先塋徵存九目而統以錄名授其子祖縣足成之皆據古今書籍及名人詩文證成其實不爲溢美校之州郡私譜厚誣先人不可上於史官者君書爲獨勝此君之餘事而寓其才之奇一也君私痛華爾夫婦早亡特撰一傳附之家乘戒其子孫歲時祭祀勿絕血食以報養育之恩其不忘本如此君諱紹勳字竹礽卒於光緒三十二年六月得年五十有七配吳謝袁三氏皆封淑人子二祖縣祖芬今惟祖縣存予謂君以弱齡從戎如童終軍不矜其名似屠羊說魯仲連功成而遜跡則如范少伯葛稚川其報華爾夫婦生活之恩別立宮宇以祭又合於魏王修之論四孤獨怪當時公私文牘稱述華爾者略不及君文

忠亦人豪無能坐君重席以收燭武之效意斯時淮軍統將布滿畿甸徽以異籍新附參預其列否則以貧淺蔑之然則奇才之生亂世信宜早見一爲人下必枉其才如君之不遇可鑒也祖緜往乞予文傳君歷二年許未就今擷其大者書之覺胸中所憶者惟杜牧之之燕將錄在其才力雄駿曾不能得其彷彿也

自得齋地理叢說目錄

論向水

論城門

論七星打刼

沈氏玄空學卷一

自得齋地理叢說

錢塘沈竹礽先生著

男 祖緜瓞民校訂
旌德後學江志伊編次
餘姚後學王則先補編

緣起

或問吾師於地理學如何入門。答曰：予年十六即讀地理書，後至杭，在丁氏八千卷樓、餘姚黃氏五桂樓、甯波范氏天一閣、盧氏抱經樓，凡藏是類之書莫不畢讀，然於玄空家言，雖讀而未得其訣，不獨格格不入，且墨守三合諸說，視蔣氏爲洪水猛獸。生平慕酈道元、徐霞客之爲人，性好遊，凡吾國各行省、各藩部，靡不有車轍馬跡，所未至者惟衛藏耳。辛未冬家居，爲先君子覓塟地，得地於中台山之陽，壬山丙向，形局之完美實所罕見集大江南地師除宗蔣大鴻一派外羅致八十餘人相之僉云吉壤無何爲某宦以重金購去悵悵久之是年冬某氏葬其父母開金井時（杭諺謂窆棺之穴曰金井）往視之見穴暈太極圖分明如畫情更抑鬱葬後某宦父子因案落職發遣卒於途家日零落於是集杭城地師復相之均云吉壤且不犯神煞百思不解其故後餘姚胡伯安姻兄（增戊遊杭）行篋中有姜垚祕本云一運之壬山丙向丙山壬向犯反吟伏吟葬之禍立至於是置酒集地師三十餘人討論之均莫明其理而二運以下之反伏吟書中絕不提及僉云偶中而已予昔日輕視玄空理氣之說至是少殺取蔣氏書讀之仍無所知同治癸酉予年二十六乃與伯安之無錫訪仲山後裔居數月不肯輕洩一字許以重金得借觀仲山所著宅斷盡一日夜之力與伯安抄竣窮年苦思終不得解一日讀易玩

洛書圖五入中宮之理豁然貫通後讀仙井胡世安大易則通光山胡煦周易函書益知卦爻錯綜之義遂將仲山宅斷一一註釋連年購閱易說易註百七十餘種乃知漢宋之派別將昔日所註宅斷重行更正復放筆著地理辨正抉要靈城精義箋地理諸書僞正考總之三合之盤並未有誤誤於後人不知天機死執五運之盤以爲運運如此置八卦摩盪之理不顧好奇者又增加名目爲江湖謀食之具將楊公眞理氣一筆抹煞蔣大鴻得無極子之傳著辨正一書使天玉寶照諸經旨復明於世厥功甚偉惟誤解天機之義以爲不可泄漏未將挨星眞訣筆之於書貽誤後人亦匪淺鮮耳

志伊謹案　先生著述自丙午歸道山後多爲門弟子分攜以去是編由哲嗣朕民觀察從　先生筆記及往還尺牘中搜集而成零金

碎玉尤可寶貴茲特分類編次俾讀者開卷了然此條爲　先生自述致力之由三合玄空判若霄壤特列簡首以爲緣起學者作　先生之自序讀可也

胡伯安曰先生年三十以前於易尚主漢宋之别三十以後曾對余小子云易拘漢宋易理永不明矣戊子先生已購易得一千一百餘種是年六月十二日先生初度余往祝之閱購易書目已一千七百餘種閱此正先生年未三十也

論玄空

或問何謂玄空答曰玄空二字傳亦久矣諸子百家解此二字甚多皆未的當楊子法言曰玄者一也此係的解至空之一字尤爲難解然空非眞空空中亦有所憑藉天竺學者言色不異空空不異色色卽是空空

即是色受想行識亦復如是則空非憑藉於五蘊不可也既憑藉五蘊是空即有物矣此西方聖人與東方聖人之理同也然空之憑藉即竅也竅有九故曰九竅是玄空二字自一至九之謂然一至九非定數也有錯綜參伍存乎其間故以玄空二字代之

論天心

九宮之中心爲天心此二字由來已久樂緯云象天心定禮樂壺子曰伏羲法八極作八卦黃帝作九竅以定九宮此竅字即心字之意亦即玄字之意唐人詩已有講易見天心之句其實天心即日月爲易之意一陰一陽之謂也後人以戊己代之今人改天心爲天星誤矣蓋聖人作易以象日月孔子作傳而曰乾坤成列易立乎其中矣此中字即心字老子號此心爲玄牝之門是謂天地根雲房謂此心爲生門死戶老子

又云玄之又玄。衆妙之門。是謂玄學之始。其實易也。心也。竅也。中也。玄也。是不二法門。

論羅經

或問羅經之二十八宿、二十四山、九星有所本乎。答曰。有江西信州學有石本六經圖。仰觀天文圖註云。伏羲氏仰觀天文以畫八卦。故日月星辰之行度。運數十日。四時之屬。凡麗於天之文者。八卦無不統之。按圖中斗振天而進。今之貪巨祿文廉武破輔弼本之以冬至日起日繞斗牛女虛危室壁奎婁胃昴畢觜參井鬼柳星張翼軫角亢氐房心尾箕。而行此二十八宿之證也。又俯察地理圖註云。俯察地理以畫八卦。故四方九州。鳥獸草木。十二支之屬。凡麗於地之理者。八卦無不統之。按圖中以離爲南。坎爲北。兌爲西。震爲東。此四方也。又以坎爲冀。艮爲兗震爲靑巽爲徐離爲揚坤爲荊兌爲梁乾爲雍中爲豫此九州也坎北壬子癸艮居東北在丑寅之間震東甲卯乙巽居東南在辰巳之間離南丙午丁坤居西南在未申之間兌西庚酉辛乾居西北在戌亥之間而二十四山定矣此二圖均用後天

曾廉泉春沂問在杭領教數月餘始知三合之誤盤上卦氣干支出於唐時信州石刻茲得六經圖已無疑義惟蔣盤中諸字紅陽黑陰干則陰陽相間絲毫不爽至乾巽艮坤四卦先天卦數乾一巽五艮七坤八則乾巽艮雖爲陽而坤則明明爲陰後天卦乾六巽四艮八坤二以數論則無一字不爲陰而蔣盤爲陽此一大疑問也至地支各字既非陰陽相間往往陰字爲陽陽字爲陰各書均未明言近日宗三合者皆非之究竟其理安在答曰大哉問也此理至今無人道破予曾著說論此然

偏於易理不能爲不知者道今姑以易理之淺顯者言之夫盤之體河圖也運之用洛書也用替卦則挨星也今先言干天一生壬水地六癸成之則壬爲陽癸爲陰故一六共宗而居北地二生丁火天七丙成之則丙爲陽丁爲陰故二七同道而居南天三生甲木地八乙成之則甲爲陽乙爲陰故三八爲朋而居東地四生辛金天九庚成之則庚爲陽辛爲陰故四九爲友而居西天五生戊土地十己成之則戊爲陽己爲陰故五十同途而居中即所謂陰陽相間絲毫不爽者也若未明此理即屬皮毛之談至乾巽艮坤四卦蔣盤字字屬陽此係河洛之大用蓋一六共宗合之爲七奇也故乾屬陽二七同道合之爲九奇也故坤屬陽三八爲朋合之爲十一奇也故艮屬陽四九爲友合之爲十三奇也故巽屬陽此四卦屬陽之理明矣再言支之陰陽有以爲陰陽相間者

有以為子午卯酉四正為陽寅申巳亥辰戌丑未四隅為陰者其實皆非也世人之誤在此世之言命理者猶知支內藏干而講盤理者乃未之知可怪也昔予作二十四山生成合十表以明挨星之用然人終不易領會今以支中藏干證之如子午卯酉四正子藏癸午藏丁卯藏乙酉藏辛四干皆陰也對待亦合十也寅申巳亥寅藏甲丙戊申藏庚壬戊巳藏丙庚戊亥藏壬甲戊無一字非陽亦無一字不合十也若辰戌丑未辰藏乙戊癸戌藏辛丁戊丑藏癸辛己未藏丁己乙以支論辰戌原係陽土與戊比和丑未原係陰土與己比和然受乙癸辛丁及癸辛丁乙之分變使之無力而納於陰中以盡天地化育之妙易之用大矣哉

胡伯安曰 先生苦口婆心語以淺近出之其識議實超出漢宋諸

儒易學之上眞天地間第一妙文

祖緜謹案寅申巳亥四字寅順比甲隔八到丙故寅藏甲丙甲丙陽也故寅爲陽申順比庚隔八到壬故申藏庚壬庚壬陽也故申爲陽巳順比丙隔八到庚故巳藏丙庚丙庚陽也故巳爲陽亥順比壬隔八到甲故亥藏壬甲壬甲陽也故亥爲陽若辰戌丑未四字辰逆比乙隔八到癸故辰藏乙癸乙癸陰也故辰爲陰戌逆比辛隔八到丁故戌藏辛丁辛丁陰也故戌爲陰丑逆比癸隔八到辛故丑藏癸辛癸辛陰也故丑爲陰未逆比丁隔八到乙故未藏丁乙丁乙陰也故未爲陰惟寅申巳亥辰戌丑未八字星命家所用遁藏內有戊己羅經中戊己無定位辨明天門地戶之生死皆藉戊己之流通而已

或問羅經所載星宿度數究有用否答曰羲辰之說三代以前已有之然

未有如今日之繁多也豈知天文是天文地理是地理二者不能相混易與周官春秋傳均不言叢辰有以爲漢時讖緯家所僞造者其說可信盤中度數不若用西洋至天文家所謂三垣二十八宿二百八十三座星官一千四百六十四星萬一千五百二十微星然以遠鏡窺之天河已恆河沙於今數豈能某山某向與天星相照子思子謂上律天時下襲水土律天時者即知元運之謂也不曰天星而曰天時時之一字何等明白賴太素催官篇所引叢辰之名不過一種好奇之作藉以欺人一言道破不值一笑讀吾宗夢溪老人筆談云天事本無度推曆者無以寓其數乃以日所行分天爲三百六十五度有奇予廣其義曰地理無度測地者無以寓其數乃以地所旋日分爲三百六十五度有奇而已

或問三垣二十八宿書多引用一旦廢去未免可惜答曰三垣者紫微太微天市是也二十八宿者東方蒼龍七宿角亢氐房心尾箕北方玄武七宿斗牛女虛危室壁西方白虎七宿奎婁胃昴畢觜參南方朱鳥七宿井鬼柳星張翼軫宋吳景鸞玄空祕旨雖略有提及仍以卦理爲斷是垣局星度不過如食物之鷄肋棄之亦不足惜也

或問天文地理二圖以證羅經所本何以用時方向又須轉移答曰後天卦即五入中宮之盤也氣運不同須顛倒求之如二運坤二入中宮三到乾四到兌五到艮六到離七到坎八到坤九到震一到巽餘運依此類推 經云識掌模太極分明必有圖此言五入中宮即洛書也然每運入中不同一運一入中二運二入中餘運仿此

或問靈城精義末云有已傳之三盤有不傳之三盤此何解曰已傳之三

盤。即五運洛書之盤。不傳之三盤。乃每運令星入中之盤。隨運而易。所謂玄空是也。蔣大鴻盤中所列之九星。（可作二十四山各字讀之）即五運之盤。乾卦三字皆武。五黃在中順挨也。巽卦三字亦武。挨逆也。歐陽純謂乾起貪於巽。巽起貪於乾。令人百思不解。不過以貪爲九星之首。代表九星而已。

謝聲棠問三合盤。中縫兩針之理。答曰。楊公當時造此盤。實爲凡庸言。其訣亦失傳。以致今日附會正針立向。中針撥砂。縫針納水。昔人已知撥納砂水之非。然未能辨正其謬。此兩盤實係左兼右兼也。正針乾山巽向。中針即指乾兼亥之理。縫針即指亥兼乾之理。並非言向也。學者明此。則穿山七十二龍。盈宿六十龍。一百二十分金。始有理可推矣。總之盤理。下卦起星。截然分爲兩途。正針用於下卦也。中縫二針。用於起星也。不明此理。以之撥砂納水。則砂與水。無一不在空亡之中矣。有謂中

縫二針係一進一退其說亦合或謂此盤係明季江西術士楊大年手製實誤

曾廉泉問盤中有用連山歸藏者究合否答曰易之用在後天關鍵在二八易位所謂二八易位者乃離至乾爲九二七六坎至巽爲一八三四易位則離至乾九八七六坎至巽爲一二三四其神妙不測如是學者謂連山歸藏與周易爲三易各不相同某以爲宓羲畫卦後只有一易連山首艮歸藏首坤細繹其理不過二八易位一種變化而已羅泌路史炎帝紀謂始萬物終萬物莫盛於艮艮東北之卦也故裹艮而爲始所謂連山易也故亦曰連山氏艮在東北係後天方位則炎帝時已有後天矣古人謂先後天同時並出可知後天不自文王始連山亦非夏易乃二八易位致用而已宋時凡民間所藏陰陽五行之書悉入內府

不得私藏想羅氏時猶有流傳此說非僞造可知今日連山歸藏尚有佚本究莫辨眞僞盤中列之眞可謂無知妄作

或問蔣盤冬至何以居寅之半有訛否答曰冬至子之半盡人知之今蔣氏盤中所載之節氣即太陽纏度過宮是用於選擇也如子一宮爲玄枵子宮十五度立春太陽過癸到子纏玄枵之次之類

或問二十八宿可合二十四山否答曰當初頗合坎宮危虛女離宮張星柳兌宮畢昴胃震宮心房氐四正之卦共得十二宿至四維卦每卦得四宿共十六宿合之爲二十八宿如乾宮爲婁奎壁室巽宮爲亢角軫翼艮宮爲牛斗箕尾坤宮爲鬼井參觜之類今因歲差之故度已改矣

論紫白

或問紫白圖入用之初見於何書答曰老子知其白守其黑是老子引內

經語也。此白黑二字，已含坎一坤二矣。太白經云：行黃道歸乾戶，煞氣一臨，生氣自布，則五黃居中，乾為天門，已昭昭然矣。并可悟飛吊之理。故丹家以黃道為往來之路，足見萬物化生，皆藉戊己之力，因戊己為黃道之至寶。若無戊己，雖有黃道，則陽自為陽，陰自為陰，孤與獨而已。又何能長生萬物哉。

袁香溪問：大戴禮明堂說二九四、七五三、六一八，其挨排之法以何字入中始不誤？答曰：此即五入中之數也。二九四句，七五三句，六一八句，不可讀錯，橫列之如下圖。二七六 九五一 四三八 是也。

或問：紫白之說，不足為訓。答曰：越絕書外傳紀軍氣編云：算於廟堂，不知彊弱。一寅、五午、九戌，西向吉（火尅金吉），東向敗（木生火敗），亡無東。二卯、六未、十亥，南向吉（木生火吉），北向敗（水生木凶），亡無北。三辰、七申、十一子，東向吉（水生木吉），西向敗（金生水敗）

亡無西四(巳)八(酉)十二(丑)北向吉(金生水吉)南向敗(火尅金凶)亡無南此其用兵日月數吉凶所避也讀之可知一至十二均屬月數書中又指此日字不獨月紫白可悟日紫白亦可推矣且孫子亦有廟算之說

或問慕講僧金口訣一元紫午九云云甚難索解蔡岷山朱小鶴周梅梁所註各執一詞宜何從答曰此五運之逆盤也易言陰陽參錯之妙千變萬化惟顛倒二字可以盡之予所見註此訣者不下八九家實無一語得當反將明白曉暢之文滋生疑竇皆不明易理故耳試以五運逆飛圖明之

坤八	酉三	乾四
午一	(戊己)五	子九
巽六	卯七	艮二

如圖先讀中五㓕廉貞句此卽五黃入中也巽爲地戶逆飛起巽乾爲天門順飛自乾六氣巽風扇四通乾豕位二句一氣讀之巽爲四綠辰巳屬之巽風也乾爲六白戌亥屬之亥豕也巽乾易位豈非四通六扇乎七當甲乙心三居金酉眞二句一氣讀之卯爲三碧居甲乙之中酉爲七赤居庚辛之中卯酉易位豈非七當甲乙三居金酉乎八則坤猿動二値艮牛輔二句一氣讀之坤爲二黑未申屬之申猿也艮爲八白丑寅屬之丑牛也艮坤易位豈非猿動而爲牛輔乎一元紫午九九居貪狼輪二句一氣讀之一元卽一白爲壬子癸爲貪狼九紫爲丙午丁爲弼今子午易位豈非一爲九紫九輪貪狼乎惟辛亥許同倫句古今以爲疑問有謂有訛字者有謂作如是解者均屬不合蓋五運逆行三到酉四到乾四三一氣豈非許同倫乎蔡岷山輩讀書不多師心自用

妄加註釋，未明易理故耳。予作此解，學者墨守前哲之說，筆墨往來，不啻百數，予終堅執成見，反覆喻之，知我罪我，聽之而已。地學心傳十二種，係明初刻本，亦載此訣，與俗本不同。訣曰：一元紫午九九居貪狼，輪八則坤猿動七常甲乙心六氣巽風扇中五定廉貞四通乾豕利三在金酉眞二値牛艮輔辛亥許同鄰。是較俗本爲善矣。

先生則謹按：金口訣之不易索解，顧名思義，顯爲先人所祕寶。今先生以五運逆飛圖明之，語語中肯，歷來祕守之隱謎，一朝爲之勘破。又按唐宥在先生云見有祕本作排五黃解甚合，蓋一白入中五黃在離，九紫入中五黃在坎，一作如是解，亦足與先生之說並傳不朽。更有作零神方位解，其說亦合，緣零神亦爲玄空要訣耳。

論父母子息

經云父母陰陽仔細尋卽言子息不可兼父母地不可兼天天人雖可兼然亦有父母子息之別

子午卯酉乾坤艮巽之西起壬一字丑一字甲一字辰一字丙一字未一字庚一字戌一字此八字皆向左行皆是四個一卽天玉江東一卦從來吉八神四個一也子午卯酉乾坤艮巽皆向右行此八位亦是四個一也癸在子之東亦向右行故癸亥辛申丁巳乙寅八神皆向右行亦是四個一也甲庚壬丙辰戌丑未爲子午卯酉乾坤艮巽之逆子不與父母同行惟乙辛丁癸寅申巳亥爲子午卯酉乾坤艮巽之順子與父母同行卽天玉江西一卦排龍位八神四個二也夫逆子卽地元一卦順子卽人元一卦順逆不同故有可兼不可兼之別可兼者子可兼癸不可兼者子不可兼壬每卦皆然然子午卯酉乾坤艮巽可兼乙辛

丁癸寅申巳亥而寅申巳亥乙辛丁癸却不可去兼子午卯酉乾坤艮巽以父母可兼子息子息不宜兼父母故也若辰戌丑未地元龍固不可混入人元爲用而辰戌丑未山向有乾坤艮巽之水來去又爲可用緣乾坤艮巽爲辰戌丑未之父母又爲夫婦宗也天元一卦包三卦之用故可兼人地而子午卯酉不可兼甲庚壬丙者以父母不可去兼逆子惟逆子可去父兼母耳

志伊謹案溫明遠云如一運以坎爲旺坤震爲同元一氣是爲兄弟坎之中爻爲父母邊爻壬癸爲子息坤震卦內之邊爻爲兄弟之子息來山來水要與父母陰陽一氣純而不雜山龍來脈以主山入首處爲父母八方之星辰爲子息水龍來脈不一以照穴有情權力獨勝之水爲父母八方之枝浜小水爲子息如子午兼癸丁之向坤震卦內亦要收

申乙子息之爻神不可雜未甲地元子息之氣水之來路雖多總要歸一元三吉之氣三吉之中又要分清天地人三卦之純一不雜若一雜出元卦內之山水非惟挨排之玄空五行不能生而且受尅無疑矣所謂父母子息者非定位坎坤震之一元三吉乃玄空流行排出之父母子息也學者參觀此說自明

則先謹按立向之兼與不兼或兼左兼右當視山川性情之趨勢應直達者下卦應補救者起星而要以乘時得令合生旺之局爲依歸　沈公是篇論父母子息趨重於父母兼順子乃就原則立論其曰父母不可兼逆子防差錯也又曰惟逆子可去兼父母以天元宮位有水來去者爲可用蓋欲資中氣之輔助也中氣邊爻力有等差故有子母之分青囊傳曰乾坤二卦爲母六卦爲子此八卦之子母也諸卦自爲母三

爻為子此一卦之子母也然子母為一事立向又為一事凡立向貴乎清純不獨地元龍為然天人兩元亦無不然然有時正向不能取得旺星而用替或轉成三吉五吉則補救之向尚矣學者但當知子母力量之有別而於或正或兼不必拘泥乎原則要在形巒理氣交相配合而已又按此章文字　沈公係採諸歐陽純風水一書非　公手筆也

寶照經云子字出脈子字尋莫教差錯丑與壬此言坎宮壬子癸三山壬為地子為天癸為人子癸同屬陰故子字出脈轉癸字可用轉壬字即陰陽差錯矣丑則出卦同在一卦差錯尚不可況出卦乎

論夫婦合十

合十云者聖人得天地之中同聲相應同氣相求雲從龍風從虎有生有形各從其類之義也經云共路兩神為夫婦夫婦即合十之謂世俗但

知一白坎與九紫離對二黑坤與八白艮對三碧震與七赤兌對四綠巽與六白乾對顛之倒之均得合十而不知坎宮藏一二三離宮藏七八九壬爲三丙爲七癸爲一丁爲九合之皆十也乾宮藏四五六巽宮亦藏四五六巳爲四亥爲六戌爲四辰爲六合之皆十也艮宮藏七八九坤宮藏一二三申爲一寅爲九未爲二丑爲八合之皆十也震宮藏一二三兌宮藏七八九甲爲一庚爲九辛爲七乙爲三合之皆十也此一卦三山配夫婦之法也

或問先天卦爲坤乾後天卦爲坎離何也答曰天地之始水火而已坎水也而中有一陽戊土離火也而中有一陰己土坎離交戊入離中成乾故位乎上己入坎中成坤故位乎下乾之後天離也坤之後天坎也坎一離九合爲十中藏戊己五五共成十五類推之乾六巽四坤二艮八震

三兌七合而爲十通戊己之數均成十五先天後天其揆一也

或問洪範之說似與九宮無涉答曰聖人神道設教惟假物以明理而不拘於物立象以盡意而不泥於象非神而明之之人其孰能與於斯洪範皇極之建在戊己二字戊己地也環天人之會而建其極故九疇之數亦生成合十樞於中五之皇極而天人交貫於其中者也

或問生成之數究有根據否答曰易曰天一地二天三地四天五地六天七地八天九地十乃五行生成數也然學易者有以爲穿鑿惟子華子言之鑿鑿其云天地之大數莫過於五莫中於五蓋五爲土數位居中央合北方水一則成六合南方火二則成七合東方木三則成八合西方金四則成九云云後人以子華子爲僞書然其文古雅即僞亦漢時人語也

袁香溪丈問萬物土中生萬物土中死二語究合於易否答曰盈天地萬物莫不與易相通此即天數五地數五五位相得而各有合合之一字即爲生死之關鍵如乾坎合一六六去一爲五坤兌合二七七去二爲五巽離合四九九去四爲五震艮合三八八去三爲五與中央戊五相合則天地數咸五矣此死中求生也然乾去五爲一與坎一同離兌艮亦復如是此生中求死也

則先謹按 沈公此說發河洛之精蘊今之治玄空者殆能知八國間配合生成與寄宮矣然究未明生成數之錯綜參變不離於五天數地數合之亦各爲五之義五爲戊己土是故萬物不能逃於土也

祖緜謹案此說爲漢宋人談易所未夢見 先子此答恐閱者未能了悟爰列二圖以明之

二七同道七減二爲五

坤二　兌七　乾六

一六共宗六減一爲五

四九爲友九減四爲五

離九　中五　坎一

巽四　震三　艮八

三八爲朋八減三爲五

如圖成數去生數則八卦方位得天數五地數五合之得二十五。

坤二　兌七七減五爲二　乾六六減五得一

離九九減五爲四　中五　坎一

巽四　震三　艮八八減五爲三

如圖生成之數均能變成生數對待各得五合八方與中央得二十有五

或問生成合十究有何等功效答曰天地之數與五行氣通此五與十之數數以數神神以數顯一陰一陽之謂道二氣交感化生萬物生生不已而變化無窮焉而其所以生者實戊己之功用合十者皆藉戊己之力氣運得此則觸類旁通運運貞吉矣

志伊謹案玄空最忌者上山下水最喜者到山到向所謂旺山旺向寅葬卯發者是也先生於論四十八局言之最詳然自二運至八運天地人三元均有旺山旺向而一九兩運獨無實爲缺憾今考夫婦合十則一九運有乾巽巳亥二八運有丑未三七運有子午癸丁四六運有庚甲三元九運中全局合十者共得二十四山向是可補旺山旺向之

缺憾矣願學者擇而用之可也

論陰陽零正

零正即陰陽之謂章氏心眼指要略露端倪溫註較爲詳盡蓋當元之令神爲正神與正神對待者爲零神如一運以一白爲正神九紫即爲零神二運以二黑爲正神八白即爲零神三運以三碧爲正神七赤即爲零神四運以四綠爲正神六白即爲零神六七八九各運以此類推惟五運以五黃爲正神零神之辨最難因戊己無定位五黃中前十年寄坤以八白爲零神後十年寄艮以二黑爲零神也

或問山順水逆是排山當用順排水當用逆然否答曰否每見學者不察如此排法甚多其實順逆二字即釋零正兩神山順者即正神水逆者即零神山上排龍在一運宜一二三四五六七八九此所謂順也水裏

排龍在一運宜九八七六五四三二一此所謂逆也設排山處有水排水處有山即爲上山下水

謝聲棠問零正兩神不知究合易否答曰所謂零正無非對待而已矣如坎一以離九爲零神此取後天之對待也其實先天之河圖亦然河圖一二三四之生數爲上元四山之正神而六七八九之成數爲上元四水之零神下元以六七八九之成數爲四山之正神以一二三四之生數爲四水之零神蓋一入中坎宮爲六離宮爲五其中即爲零正之原理坎離相同零正可辨矣

志伊謹案溫明遠云零正即陰陽正神即當元之旺神零神即出元之衰神如上元一運以一爲正神九爲零神下元以九爲正神一爲零神此以陰陽對待爲零正也山上排龍要旺星排到實地高山即爲正神

正位裝向上排龍要旺星排到水裏低處卽爲撥水入零堂認取來山腦者以明零正二途高低衰旺山水各得耳又云正神指山上排龍者如一運子山得六爲乾屬陽順排七到乾八到兌九到艮七八九爲上元之衰氣此方宜低宜水不宜高山實地子山必午向得五屬陰逆排到向上是一有水卽吉水亦要曲動不直謂之水來當面須深遠悠長而後成龍餘方得二三謂之同元一氣若向中所排一二三之旺星到實地高山卽謂之水裏龍神上山不吉所以山上排龍由山排到本元之旺星爲正神是方要實地高山水裏排龍由向排到本元之旺星爲零神是方要低窪有水而零正無差矣學者參此卽可了然

則先 謹按零正方位爲排龍排水之固定地盤但因運而異而已山向飛星既隨運流轉亦因向變遷乃變化無定者也二者本截然兩事然

相資而爲用以無定飛星加臨於固定零正則相得而益彰夫山上旺星喜遇高山實地而與正神同一宜忌故加臨其上則所謂正神正位裝零神方位獨取河流低窪而水裏排龍亦忌旺星挨到高山實地故宜撥水入零堂也是故飛星與零正相得其力愈雄厚反之而與零正相背縱得旺山旺向而無形中究不免減色耳

論下卦

經曰二十四龍管三卦即運星爲一卦山向飛星各一卦故曰管三卦此挨星之法也又祖宗却從陰陽出三句言挨星之法甚明如二運出乾山巽向坤二入中卯到乾子到巽卯陰爲逆盤子陰亦爲逆盤中宮飛入乾山爲二二到山矣中宮飛入巽向爲二二到向矣乾巽之陰陽不求之乾巽而求之於子卯蔣註令人不解

二十四山分五行一節。金賢華湛恩著有天心正運一書。言此節甚明。凡生入剋入生出剋出比和均列表詳言之。後人見拙註章氏宅斷不明者可讀之。

或問天心正運所舉之法。章氏不肯輕洩一圖何耶。曰。直解中雖不列圖。然講得明明白白。且心眼指要卷二載有五圖。大致已備。其傳心變易圖。卽五入中宮之盤。第二層卽五飛入乾順挨者也。第三層卽二十四山。第四層卽五飛入巽逆挨者也。上列一九圖。卽五運之子午午子盤也。二八卽五運之丑未未丑盤也。三七卽五運之卯酉酉卯盤也。四六卽五運之戌辰辰戌盤也。四圖之中一圖卽飛星掌訣也。條理分明。惜學者未細察耳。

或問天玉經。江東一卦從來吉一段。吾師以一四七爲江東卦。三六九爲江西卦二五八為南北卦仍不明瞭未知另有他法可證明否答曰此鄧夢覺之說也學者須神而明之不可拘執所謂一四七者以江東一卦屬陽順行自一而四而七仍包括二三五六八九江西一卦屬陰逆行自三而六而九仍包括四五七八一二南北一卦五入中艮坤為生死之門其實仍包括乾巽坎離震兌今將此三項分別言之江東江西飛星時所用南北挨星時所用辨不清白猶不能得其玄妙蔣註云夫此東西南北三卦有一卦止得一卦之用者有一卦兼得二卦之用者細細研究東西二卦即是飛星南北二卦即是挨星不過蔣氏未肯盡言耳章註謂南北一卦之說八神即坎坤震巽離艮兌乾也共一卦者共此一卦而為九也此共字實係戊己在中而挨星排列之次序章註明白已極惜學者不察耳江東一卦從來吉八神四個一此二句江東

一卦即地元卦在坎宮爲壬壬屬陽順行八神者即壬丙甲庚丑未辰戌此八神者左不能兼人右不能兼天只有一卦可用故曰一四個者兩個對待之謂也江西一卦排龍位八神四個二此二句江西一卦即天人兩卦也在坎宮爲子癸子癸爲陰逆行八神者即子癸午丁卯乙酉辛艮寅坤申巽巳乾亥此八神者彼此可以兼用因陰陽同類也一卦而得兩卦之用故曰二南北八神共一卦端的應無差此二句章氏解之甚明八神者坎坤震巽離艮兌乾共字即指五入中端爲端居之端字解的爲中的之的字解明明言五入中也總之地理辨正諸家之註往往粘皮帶骨而應註者反略如青囊序開宗一句云楊公養老看雌雄此養老二字註者均未道及養盛也旺也老衰也養老即盛衰之謂字字咬得精細夫然後可讀此書天玉經開宗明義即解替卦挨星

飛星之用奥語開宗明義即解替卦都天寶照經係楊公再傳弟子所著傳授心法而已

或問每運之五黃有作戊陽順挨有作己陰逆挨各運不同何也曰此以入中之運爲的如一運壬子癸入中壬爲陽則五即戊陽子癸爲陰則五即己陰二運未坤申入中未爲陰則五即己陰坤申爲陽則五即戊陽推之三四六七八九運莫不如是陽則順行陰則逆行其變化如此范宜賓輩不知此理竟謂隔四位取陰陽謬矣

或問九星之說仍有疑慮曰九星分二種一配卦人人能知之至配二十四山參伍錯綜人不易解挨排之法仍以五黃入中順行至乾爲六爲武曲逆行至巽亦爲六爲武曲讀歐陽純風水一書二十四山配九星表解自然明白歐陽可采者惟此

或問公位房分有諸是否以龍虎諸砂爲主曰公位房分覆人古墓知確實無疑全以卦氣爲準予註仲山宅斷言之甚詳若以龍虎砂爲用則否

或問挨飛星圖每易排錯有何法可使不誤答曰前屢言艮坤爲生死之門五入中逆行艮坤爲二八四入中艮坤爲一七三入中艮坤爲九六順行則反是俗所謂一四七二五八三六九也汝輩並此紫白圖尙不能解因喜讀僞書不肯在易學上探原故耳凡五黃運之玄關在坤艮餘運則在戊己之中

或問辰戌分界之説可信否曰范宜賓分陽分陰實誤於此因元旦盤五黃入中順飛六到乾乾卦三山戌乾亥戌陰也乾亥陽也逆飛六到巽巽卦三山辰巽巳辰陰也巽巳陽也乾爲天門巽爲地戶順逆挨星由

此起原而辰戌爲起原之起原故曰辰戌分界

論起星

或問替卦之法辨正中何以未提及曰寶照經子癸午丁天元宮一節章氏直解明白可悟餘亦多散見

雙山雙向者卽兼左兼右也凡兼向必須用替星非特出卦兼爲然卽陰陽互兼亦當用替而用替又宜看兼之多寡如兼一二分者無須尋替若兼三四分者當用替星若向上無水者前十年作本向論後十年作替星論如向上有水不拘前後十年均要從替星流轉之方推斷然皆自飛星加挨論吉凶也若正兼二向無替可尋卽將正向某字飛一盤又將兼向某字飛一盤合兩盤以觀水路之吉凶可也

志伊謹案替卦者挨星也如仲山宅斷甯波府某圖八運坐癸向丁兼

丑未丁上挨星是三到三爲乙乙之挨星爲巨門故向上挨星不用三而用二入中乙爲陰故以巨門入中逆行又　先生自定一穴其筆記云庚山甲向四運大利萬一用於三運內向仍用庚甲外向可兼申寅用替卦因甲上挨星爲一一即壬壬挨巨門即以二巨入中順行三到乾以本穴城門在乾爲一吉也惟至四運當旺時外向仍宜改正庚甲觀此可知替卦之妙用矣

則先謹按三運庚甲用替城門在丑辰乾方有水爲當元旺水茲云本穴城門在乾殆卽配水得法爲城門之義閱者幸勿拘泥

靑囊奧語言挨星甚明世俗不解動將貪巨祿文廉武破輔弼九星師心改易未免無知妄作矣

蔣註謂四卦之末各綴一字曰壬曰癸此又挨星祕中之祕可以心傳而

不可顯言者也學者參考歐陽純風水一書卽可了解溫註亦可採

則先 謹按天玉經內傳云干維乾艮巽坤壬支神坎震離兌癸故先生簡稱四卦之末各綴一字曰壬曰癸云

胡伯安問青囊奧語開宗明義四句之義答曰予生平不以歐陽純風水一書爲然惟所載無極子授蔣氏挨星圖使學者有所領悟其書卽未可厚非奧語首四句楊公僅舉二十四山之半後人不解其理妄加改竄前己歷舉其弊矣玆承下問不厭煩瑣繪成圖說理極淺易閱者不難瞭然

（甲）坤壬乙巨門從頭出對宮卽艮丙辛位位是破軍　坤壬乙卽二一三此上元甲子之統卦氣也艮丙辛卽八九七此下元甲子之統卦氣也　艮坤爲生死之門此二句以艮坤二字冠之者以天盤包括

地人兩盤也其成理玩圖即知之

坤二 未坤申 巨	離九 丙午丁 破	巽四 辰巽巳
兌七 庚酉辛 破	中五	震三 甲卯乙 巨
乾六 戌乾亥	坎一 壬子癸 巨	艮八 丑艮寅 破

壬地巨　丙地破

坎一子天　離九午天

癸人　丁人

未地　丑地

上元甲子坤二坤天巨　下元甲子艮八艮天破

申人　寅人

甲地　庚地

震三卯天　兌七酉天

乙人巨　辛人破

（乙）巽辰亥盡是武曲位此句不言對宮而對宮戌乾巳亦是武曲因中五順飛至乾爲六逆飛至巽亦爲六故也此中元甲子之統卦氣也巽辰亥卽四五六五爲戊己無方位上十年旺於戌下十年旺於辰戌乾巳同例乾巽爲天地門戶悟此可知中央之妙用盤之成理玩此圖思過半矣

胡伯安曰巽挨武者因四五六逆爲六五四餘六宮不能通過其說見歐陽純風水一書

巽四	離九	坤二
辰巽巳 武武武	丙午丁	未坤申
震三	中五	兌七
甲卯乙		庚酉辛
艮八	坎一	乾六
丑艮寅	壬子癸	戌乾亥 武武武

辰地武

巽四巽天武

巳人

中元甲子中五依辰

戌地

乾六乾天

亥人武

戌地武

乾六乾天武

亥人

中元甲子中五依戌

辰地

巽四巽天

巳人武

（丙）甲癸申貪狼一路行。楊公不言對宮。而對宮爲庚丁寅。均屬右弼。此一地包括二人而言也。

觀此則二十四山之挨星得十有八。所餘惟未丑子午卯酉六山矣。

巽四（辰巽巳）	離九（丙午丁弼）	坤二（未坤貪申）
震三（甲貪卯乙）	中五	兌七（庚弼酉辛）
艮八（丑艮寅弼）	坎一（壬子癸貪）	乾六（戌乾亥）

壬地　　丙地

坎一子天　　離九午天

癸人貪　　丁人弼

未地　　丑地

上元甲子坤二坤天　　下元甲子艮八艮天

申人貪　　寅人弼

甲地貪　　庚地弼

震三卯天　　兌七酉天

乙人　　辛人

（丁）未丑子午卯酉六山楊公一字不提於是挨貪挨巨莫衷一是夫子午陰之終始子中藏一二三午中藏九八七故子挨貪午挨弼而卯酉未丑之挨巨破更了然矣

坤二 未坤申 巨	離九 丙午丁 弼
兌七 庚酉辛 破	中五
乾六 戌乾亥	坎一 壬子癸 貪

巽四 辰巽巳　震三 甲卯乙 巨　艮八 丑艮寅 破

壬地　丙地

坎一子天貪　離九午天弼

癸人　丁人

未地巨　丑地破

上元甲子坤二坤天　下元甲子艮八艮天

申人　寅人

甲地　庚地

震三卯天巨　兌七酉天破

乙人　辛人

以上二十四山之挨星盡矣知挨星之根本即知替卦之妙用姜氏謂舊註以坤壬乙天干從申子辰三合爲水局故曰文曲艮丙辛天干從寅午戌三合爲火局故曰廉貞之類爲謬又以長生爲貪狼臨官爲巨門帝旺爲武曲亦謬誠然惟將天機不可洩漏四字橫亙胸中留十二山不肯說明其謬尤甚耳

胡伯安又問乾巽子午卯酉丑未之挨星尚未明瞭乞示答曰乾巽兩卦爲天門地戶順逆行時乾巽爲對待觀姜註坤壬乙非盡巨門而與巨門爲一例四句自明至子中藏癸癸即貪午中藏丁丁即弼丑與酉均藏辛辛即破未與卯均藏乙乙即巨明此始能用替卦矣

胡伯安曰此條須與論羅經內答曾廉泉一段參觀之

夏禹甸曰寶照經取得輔星成五吉蔣註輔星即是九星左輔右弼蓋

有二例云云其第一例今人明紫白圖者皆知之第二例卽庸師所用一行僞術蔣氏辨之是也惜未將正法表出吾今揭之曰其法有二一挨輔星之法卽替卦一挨立向消水之用卽收山出煞其法亦與替卦同挨得之星於分金時如與六十四卦成反吟伏吟者另移位置細繹蔣註章解自明矣

挨星口訣 子癸並甲申貪狼一路行壬卯乙未坤五位爲巨門乾亥辰巽巳連戌武曲名酉辛丑艮丙天星說破軍寅午庚丁上右弼四星臨本山星作主翻向逐爻行廉貞歸五位諸星順逆輪凶吉隨時轉貪輔不同論更有先賢訣穼位忌流神翻向飛臨丙水口不宜丁運替星不吉禍起至滅門運旺星更合百福又千禎衰旺多憑水權衡也在星水兼星共斷妙用更通靈

祖緜謹案有謂此訣非玄空眞傳其實此訣實係的傳惟細心觀察所謂星者係隨時而在之星非呆板之星也下卦起星截然分爲兩事其訣翻向逐爻行諸星順逆輪又曰運替星不吉運旺星更合之句將坤壬乙一訣完全洩漏無遺

袁香溪丈問飛星配卦參伍錯綜不獨習地理所未見卽學易者亦所未見惟張心言疏中有八純卦排盡九運二十四山向無有此卦不知有否五黃之天地盤又遇替卦寄宮仍照原運否乞示知答曰八純卦在替卦中有之如八運辰山戌向左兼右兼爲八純卦至替卦寄宮一爻已變卦氣不同如宅斷六運壬丙兼亥巳周姓祖墓圖壬替巨替巨則卦氣已變爲坤矣故卦爻不與壬山丙向同其八國之卦象錯綜變化已同二運之壬山丙向矣替卦之寄宮以山向飛星中宮爲的五運亦

然。

則先謹按二運之甲庚用。替其八國字字與三運之壬丙單向相同。亦寄宮參變之妙用也。

替卦之說。寶照經言之鑿鑿。經所謂兼貪兼輔。章仲山直解。所謂直達補救是也。至經云。巳丙宜向天門上。巳屬巽。丙屬離。天門乾也。此一句言巳兼丙之山。可向乾也。亥壬向得巽風吹。亥屬乾。壬屬坎。巽風也。此一句。言亥兼壬之山。可向巽也。由此觀之。是巽可兼離。乾可兼坎。即出卦兼向之義也。或云。出卦兼向。惟四九。一六。二七。三八。則可。其實此指五黃運言耳。夫卦氣運運不同。而流行之氣。亦隨之而易。惟合時則吉。背時則凶而已。若板執五黃之說。以爲運運皆然。其流弊與用三合盤何異。如巳丙宜向天門上。亥壬向得巽風吹。此兩句。重言向字。即重在向首一星。蓋用替卦之法。無非取他星。以補救向首而已。

祖緜謹案仲山陰宅祕斷第十六圖嵇中堂祖墓子午兼壬丙。坐山挨星是八。乃山上飛星不用八而用七入中。蓋尋替當求同元子午兼向天元龍也。八之天元爲艮。艮丙辛位。位是破軍。故以七入中。玄空重流行之氣。艮屬陽。故順行耳。此以山用替也。第三十八圖周姓祖墓壬丙兼亥巳。向上挨星是一。一卽壬。壬之挨星爲巨。故卽以二入中。又陽宅第十七圖甯波府基癸丁兼丑未。三到向。乃不用三而用二。蓋三之人元卽乙。乙挨巨。故以二入中。此以向用替也。有山向兩用者。如陽宅第三第四圖壬丙兼亥巳。一到山。九到向。乃不用一九而用二七。此山向均用替也。有兼向不用替者。如陰宅第五圖錢姓墓辛乙兼酉卯十五圖。繆姓墓巳亥兼壬丙。第四十八圖某墓辰戌兼巽乾。均不用替。陽宅中兼向不用替者尤多。大抵向上有替可尋，則用向；向上無替可尋，則用山；山向均有替可尋，則山向兩用。其兼向不用替者，必僅兼一二分，無須尋替者也。茲言用替，重在向首一星，舉一反三，學者毋以詞害意可也。

山水性情各有不同，凡眞龍結構之地，不能毫釐差錯，故天元龍之來脈，必以天元龍之向葬之，人地二元龍同此，一定之理，無可假借者也。

志伊謹案：寶照經云，子癸午丁天元宮，卯乙酉辛一路同，若有山水一同到，半穴乾坤艮巽宮，卽是此義。蓋子癸者，謂近癸之半子，如子龍右旋，穴必在乾向巽，半者，謂近亥半乾，近巳半巽也。龍在子，則正格城門在午，變格城門在卯，蓋龍與穴必經四位，向與水口亦必經四位，如此則一卦純清矣。天元如此，人地兩元可知。此數語爲造葬第一關鍵，學者宜深味之。

地吉而時不吉，則待時而葬之。時者，卽旺山旺向之四十八局也。程子所謂非時不葬是也。細玩時之一字，其中意義可不言而喻矣。然有一種勾搭小地，往往龍氣駁雜，雖非其時，苟配合卦爻理氣得法，葬後亦能獲福，如仲山宅斷所載嵇中堂祖墓是也。用替卦之法。即奧語開宗明義。坤壬乙四句。此四句。將全盤二十四字已露其半。餘十二字隱而不見。解此者聚訟紛紛。皆未明河洛之理。以意爲之耳。歐陽純風水一書。雖將二十四字一一揭出。于楷地理錄要載有歌訣。惜乎未言其義。使學者仍無正軌可循。而歐陽氏所載配卦圖。尤似是而非。反生讀者無窮障礙。

昔胡伯安嘗以此理來詢予。繪成圖說作書答之。書見前 學者可解歐陽氏之替星與于楷之口訣矣。惟乾巽二宮。字字挨武。咸以爲疑。蓋此二宮者。與中五之令星。進一退一而已。天文家謂爲天門地戶。順行則乾爲六。逆行則巽亦爲六。故對宮易位而起星。例如乾宮戌乾亥三字。戌四也。若五入中。由戌逆行至辰爲六。故辰挨武。乾藏六五四也。亥六也。五入中順行爲六。故乾亥均挨武。巽宮辰巽巳三字。辰六也。五入中由辰逆行至戌爲六。故戌亦挨武。巽藏四五六也。巳四也。五入中易位起星。故巽巳亦均挨武。此挨星名爲替卦。然二十四山向。非字字均能用替也。今列表如下以明之。

宮				
坎宮	壬巨	子貪	癸貪	此一卦惟壬可用替
離宮	丙破	午弼	丁弼	此一卦惟丙可用替
震宮	甲貪	卯巨	乙巨	此一卦三字均可用替
兌宮	庚弼	酉破	辛破	此一卦惟庚可用替
乾宮	戌武	乾武	亥武	此一卦三字均不用替
巽宮	辰武	巽武	巳武	此一卦三字均可用替
坤宮	未巨	坤巨	申貪	此一卦惟申可用替
艮宮	丑破	艮破	寅弼	此一卦三字均可用替

右表能用替者共十三字不能用替者共十一字至五黃加臨之地則皆屬廉貞戊則順行己則逆行然飛星仍五黃入中亦不能作用替論

凡用替卦用向首一字歷觀人家塋墓知平洋最驗城門一訣尤爲替卦中之一關鍵能將穴上所見之水適合城門往往發福惟反伏吟不可不辨耳　至不能替而用替者例如四運中庚山甲向兼酉卯甲上挨星爲二本二入中今用替卦二卽未挨巨仍二入中無所謂替也雖到山到向反不能作旺山旺向論因差錯之病仍在其中不如專用庚甲之爲得也又四運甲山庚向兼卯酉庚挨六本六入中用替卦六卽戌戌爲武仍六入中與庚甲兼酉卯正同又如二八兩運未山丑向五八兩運丑山未向三七兩運戌山辰向五運辰山戌向出卦兼或陰陽互兼若用替卦其挨星正在不可替之字均作陰陽差錯論出卦論

不能作到山到向論也　本運令星雙到山或雙到向有用替卦適到山到向借合一局者如六運之壬山丙向兼亥巳或兼子午是至兼貪兼輔宜察向上來去之水斷之茲列一圖以供學者研究

六運壬山丙向兼亥巳子午

	向	
三一 五	七六 一	五八 三
四九 四	二二 六	九四 八
八五 九	六七 二	一三 七
	山	

一　如圖山上飛星入中仍用二不變

二　向上挨星爲一一即壬壬挨巨故二入中

三　以二入中順行六到丙爲一吉也

四　出卦兼陰陽互兼挨排法同

用替卦向首所到之星雖非本運旺星而水口正合城門旺星或得生成合十者亦吉　用替之最異者莫若五運之戌山辰向八運之辰山戌向出卦兼或陰陽互兼山向飛星皆字字相同此之謂無變化無生息葬之有凶無吉此用替卦之大略也學者神而明之始可以達用矣用替卽爻之變予於斯道雖得眞傳然未深入堂奧如城門打刦反伏吟諸法皆讀竹礽之著述而始明今又得此篇昔日懷疑於坤壬乙一節今始了然明白矣竹礽爲學無師承專心致志昕夕研求闡明此理窮源竟委語云思之思之鬼神通之極深研幾自有發揮光大之一日吾謂竹礽於斯學直足上追邱楊豈阿諛所好哉戊戌冬月潯陽蔡金臺識於宣南寓次

志伊謹案侍御蔡公於玄學受之麻城張蝦亭光緒甲辰予介族兄筱

濤水部作書先容執晚生禮衣冠往叩侍御嚴守祕密深閉固拒不露隻字前讀先生與侍御書極言守祕密之謬惜侍御之終不能用耳先生此書於玄空諸訣披肝露膽朗若日星俾學者免暗中摸索之苦以視世人自珍獨得之祕者其相去何如耶

黃遂謹案奥語坤壬乙一節四庫目錄謂自來術家罕能詳其起例迨蔣氏辨正出始略露端倪章氏作直解亦有下卦起星之言下卦之例雖經華氏刊傳而起星之法尚祕而未宣遂至異說紛紜莫衷一是此篇盡抉藩籬直洩閫奥舉例既極詳盡說理尤事貫通一洗向來私家隱祕之風擅列聖心傳之妙遂於斯道略窺門徑證諸所聞合若符契其蔣氏所謂止有一法更無二門者歟讀竟爲之忭舞使于蘭林有知定當擊碎唾壺也

論向水

凡卜地先觀山洋堂局完美次將令星與蔣氏元旦盤（即五運五黃入中之盤）互相對照求其生尅若何（俗所謂小玄空者即指此）次排山向之令星求其到山到向否（華氏天心正運各圖即如此）次別盤中零神正神之若何次飛城門一盤運星若何因城門亦隨運變遷者也次以立向消水之用辨正其可兼不可兼之故然後用分金定其收山出煞則大致不差矣

或問山向俱到城門旺氣亦到收山脫煞按照節氣擇地如此之難可有簡便之法否答曰龍眞穴的宜取向上旺星但城門一吉亦可用惟令星當旺時仍須修建之耳

凡立向之道要先辨明來龍天地人三元之局次則排定上中下三元之運然後宜兼貪或兼輔但貪輔者向上來去之水非向上之字也且向

上之星與山上之星不同如一白運山上宜上元當令之星到坐山向上宜衰命之星到水口爲吉每運皆然也

凡一九兩運立向最難更無可兼一白運午子勉強可用九紫運惟正庚向爲上吉蓋九紫是下元之末地元之底如其兼錯未免雜亂反衰而正庚向者以九紫之下有二黑火見土也能得向上乾方有水是一白水不但有制又通上元之生氣故吉

經曰正山正向流支上寡夭遭刑杖此言支向必須干水干向必須支水始爲合法故子午卯酉山向要乾坤艮巽來去之水乙辛丁癸山向要寅申巳亥來去之水爲淸純不雜如乾坤艮巽山向兼寅申巳亥者不得子午卯酉來去之水而得乙辛丁癸來去之水亦爲可用子午卯酉兼乙辛丁癸者亦如此地元甲庚壬丙山向必辰戌丑未來去之水辰

戌丑未山向亦然如辰戌丑未兼乾坤艮巽者子午卯酉來去之水亦可用凡看水之法無論來去仍論元運

凡貪狼有二一爲每運起貪狼如一白運一入中卽貪狼入中二到乾卽巨門到乾此用於挨星者也一爲二十四山系於納甲之下互起貪狼實爲兼向替卦之用如甲申之爲貪狼是也而時師則悞用於立向消水者也

二十四山雙雙起山向須分別者以甲庚壬丙乾坤艮巽寅申巳亥爲陽出脈乙辛丁癸子午卯酉辰戌丑未爲陰出脈以陽放在水上陰放在山上是爲順子一局若陽放在山上陰放在水上是爲逆子一局此一山兩用四十八局雙雙起卽陰用陽朝陽用陰應之法也蔣註甚明惟未得其訣易生疑竇耳

或問臨山時宜執定用何術始不悟答曰替卦與出卦之别到山到向與上山下水之别到山到向與反吟伏吟之别通與塞空與實順與逆之别若大地融結堂局緊嚴果能發福乎不能也禍福關鍵在衰旺吉凶凡龍眞穴的正結之地當出帝王若犯其凶則爲項羽王莽當出聖賢若犯其凶則爲少正卯李贄近世塟地非出卦即差錯非上山下水即反吟伏吟刼運將臨禍甚於猛獸洪水可不懼哉

或問公墓之說能用於中國否答曰周禮墓大夫之制卽公墓也近人惑於庸地師之說往往停柩不塟浮厝者纍纍不如於都會市集擇隙地闢爲公墓其法以八卦分界線處各闢道路闊二丈四尺於二十四山分界線處亦闢道路闊一丈六尺路之兩旁植以嘉木中央作圓形建屋五楹爲葬者奉祀之所四圍繚以墻垣其內外各植不彫之木按元

運之興盛葬之其子孫受此蔭庇亦可產正人君子較之聽命於庸地師實有霄壤之別惟墓之尺寸及造法均須一定否則參參差差如義家一般令人可厭地下陰溝更當疏通可免水蟻之患亦安厝之善策也

論城門

水交三八即指城門如巽山乾向四山環抱獨子方有缺口水口亦在子此地即可用城門訣法如子方一運挨星爲六六乃乾陽不用二運挨星爲七七爲酉陰以七入中宮逆飛二到子爲旺星到城門三運挨星爲八八乃艮陽不用四運挨星爲九九午陰以九入中宮逆飛四到子爲旺星到城門五運陰子仍爲陰子以一入中宮逆飛五到子爲旺星到城門六運挨星爲二二乃坤陽不用七運挨星爲三三爲卯陰以三

入中宮逆飛七到子爲旺星到城門八運挨星爲四四乃巽陽不用九運挨星爲五五爲己陰九爲午爲陰故五入中亦用己陰也五入中九到子爲旺星到城門總之城門一訣四山缺口多者不能用但用此訣亦須將生旺挨排小心爲要餘類推城門一訣諸書註解無透徹者惟溫明遠註無非要將當元得令之星排到城門云予窮思其言始悟得此法

或問四十八局自分運逐一挨排然後深信不疑未知另有他訣否曰惟有城門一訣凡挨星令星上山下水者皆陽入中順行令星到山到向者均陰入中逆行故城門遇陰入中即可將旺星排到如葬時正逢兵亂可排城門一訣若旺星到城門亦可草草下葬否則不如擇空曠之地以當旺之山向暫厝尚能保人家之安吉也

或問玉尺之四大水口蔣氏已闢其謬矣頃見吾師斷某氏墓重言四大

水口之妙。豈蔣氏亦有誤歟。答曰蔣氏不誤。予更不誤。今日三合家所云。辰戌丑未四大水口。只要用於五運。卽不誤矣。因五運此四字均屬陰。以城門一訣斷之。字字當令。豈非全美。予昨斷之墓。卽五運所扦。故云四大水口。處處當令。若他運則不合用矣。

或問辰戌丑未四大水口。五運用之不誤。已明其理。然則寅午戌申子辰巳酉丑亥卯未三合之水局。五運中亦可用乎。答曰否否。寅申巳亥在五運中字字陽也。子午卯酉辰戌丑未在五運中字字陰也。何以能合。蔣氏辨四大水口。開宗明義。卽云夫四大水口。有至理存焉。可悟五運中之四大水口。辰戌丑未也。子午卯酉也。乙辛丁癸也。明明白白。不過蔣氏隱而不顯耳。

志伊謹按。溫明遠云。水法曲折灣環。重重交錯。於二十四山之內。大水收入小水合成三义爲水之城門立穴定向以城門爲重蓋城門爲穴內進氣之關鍵若以玄空五行生旺之星排到城門卽吉他處稍得衰星亦可轉禍爲福若城門輪到衰死之星卽不免凶矣

或問城門一吉究有若干年運答曰龍眞穴的當旺卽發運過卽敗且發時較旺山旺向爲甚惟出運以後出運者如二運用城門一吉至三運則陰陽差錯矣適逢旺山旺向趁此時建碑修理之仍可接脅若出運後山向不利不能修理者終有咎徵韓崑源精巒頭不精理氣二運初在茅家埠卜一子山午向地西湖在巽方放光圓明如鏡穴前午峯特起葬後科甲蟬聯丁財大旺以巽水正合城門一吉也一交三運不二年其家中落足下在杭試一訪之當可悟城門訣也

或問吾師前解三合爲神煞之用可謂至理名言惟宋以後言水法者均

用之其理定有根據乞示答曰水法千言萬語無非城門城門維何即向首一星之旁二卦也如天元龍之山向旁二卦天元爻中見有水光即爲城門若與時相合則吉與時相違則凶凡有龍眞穴的山與向雖不利而城門正逢吉星亦可下葬惟城門運星一退其家即衰若山向正逢旺運城門又吉則旺上加旺如今日三合家所謂申(人)子(天)辰(地)巳(人)酉(天)丑(地)寅(人)午(天)戌(地)亥(人)卯(天)未(地)會局者實能明城門之理特未諳城門之用耳如子山午向以巽坤二卦爲城門於是誤以支龍(世以子爲支龍)必須收申辰之支水又從而進之脈自子轉申而墓於辰水自申止子而墓於辰豈知子山午向一見申辰之水即犯駁雜而龍氣不純矣此予所謂明其理而未諳其用也能諳其用必曰午向以巽坤爲城門丙向以未辰爲城門丁向以申巳爲城門矣巳酉丑者酉山卯向

以巽艮二卦爲城門寅午戌者午山子向以乾艮二卦爲城門亥卯未者卯山酉向以乾坤二卦爲城門也而後人更加入坤壬乙等更大謬昔瑩徹專用此水局浙東所葬各地莫不敗絕

或問照神若何答曰照神卽城門也如酉山卯向以艮爲城門卽三八爲朋也子山午向以巽爲城門卽四九爲友也卯山酉向以坤爲城門卽二七同道也午山子向以乾爲城門卽一六共宗也此爲正城門若取偏格如卯山酉向在九運中乾方天盤爲一一亦可作城門論乾之地盤爲六與天盤之一合成一六共宗是方有三叉水映照亦作有勢力之城門論蓋一之天元卽子子陰入中逆行並得旺星到乾故也餘類推

或問司馬頭陀有其人否其所著水法亦言三合與申子辰等不同其法

可用否。答曰。江西通志。載有司馬頭陀傳。名曦。唐時人。其水法賓城門訣也。不過隱約其詞。學者不易領會耳。其言曰。乙甲艮兼丁丙巽辛庚坤與癸壬乾。乙甲中合卯字。卽酉山卯向。以艮爲城門。兼字原文作連。丁丙中合午字。言子山午向。以巽爲城門。辛庚中合酉字。言卯山酉向以坤爲城門。癸壬中合子字。言午山子向。以乾爲城門。三合者運合山合向合城門也。此所謂三合。實非今日三合家之三合。至乾宮正馬甲方求借馬。原來丙上遊一節。蓋指水爲馬。指山爲祿。乾宮正馬甲方求者。言乾山巽向。城門在震宮也。借馬原來丙上遊者。言城門有二。左爲正馬。右爲借馬。言離方亦有一城門也。巽庚癸兼乾甲丁一節。兼字係對字之誤。巽庚癸者。言巽山乾向。城門在兌坎二宮。乾甲丁者。言乾山巽向。城門在震離二宮也。以下類推。至乾山巽水出朝宮一節。言天元龍須天元一氣，不可雜人地兩元，知妙道一節，卽玄關洞竅歌，他書有單行本，加此文理亦通，實言城門之功用，其餘並不關緊要，閱之自能領悟也。

論七星打刧

天玉經云：識得父母三般卦，便是眞神路，北斗七星去打刧，離宮要相合。

蔣傳云：識得三卦父母，已是眞神路矣，猶須曉得北斗七星打刧之法，則三般卦之精髓方得，而最上一乘之作用也。章氏直解云：父母是經四位之父母，三般是坎至巽、巽至兌、兌至坎，顚倒顚之三般，北斗者，隨時立極之氣也，七星者，由現在而逆推到第七也，此處五行正與立極之氣相反，最易發禍，要相合者，要使發禍者變而爲發福，其說何等明白，尹一勺輩不明此法，紛紛推測，於打刧精髓無關，惟溫氏續解云：既明玄空三般大卦經四位起父母之祕再能以山水形氣生尅制化之理通之豈非最上一乘之作用乎由現在推到第七者一逆數至四四逆數至七皆七位也、二五八、三六九同例（伊案同例者離與乾、震坎與巽兌、均有一四七二五八三六九之三般卦到也、）此處五行與立極之氣相反最易發禍者如上元一運立極之玄空五行豈能與中元四運下元七運立極之玄空五行相合元運相合元運相反形氣變更發禍可必轉能發福者要在所立之山向處處合吉耳其說足與章氏相發明總之眞能打刧者僅有坎離二宮經云離宮要相合者此也如坎宮之子癸離宮之午丁山向飛星五運則到山到向一九運則打刧壬丙丙壬五運則上山下水一九運雖有二一到山向却不能作未來之氣論以犯反吟伏故也若二八三七四六等運其飛星均一順一逆順則由離而坎逆則由坎而離一種流行之氣均能由現在之運以刦未來之氣。例如飛星盤一運之子午午子均有二字到山或到向。二者未來之氣也。在一運中能刦而用之。二運則壬丙丙壬子午午子癸丁丁癸均有三字到山或到向。三者未來之氣也。在二中運能刦而用之。餘運照此類推。然須察經四位方隅之空實。以斷刦奪未來之氣之通塞。故當按形局而用理氣。稍有不合。卽易發禍。蓋陰陽二宅南北方向最多。有此造化之功以補之。眞玄之又玄。令人不可測度。其他山向亦能以山峯水光用打刦法。惟功效不能如坎離二宮之大耳。

則先謹按刦奪未來之氣一語。沈公此章尚指運言。後答曹秋泉問發明刦未來之元。如上元刦中元之氣。中元刦下元之氣。味經四位之義。當奉後說爲圭臬。

袁香溪丈問。讀七星打刼諸法。多年疑團始釋。今又有未解者。一三般卦。與父母三般卦。究有別否。一北斗打刼實據何理。答曰。父母三般卦與三般卦有別。父母三般卦。卽一四七也。二五八也。三六九也。如一運。一入中。則二五八在乾離震三方。三六九在兌坎巽三方。而一在中。艮坤爲生死之門。則四七必艮坤。俗所謂經四位起父母。是經四位而起父母之三般卦也。至三般卦。一二三也。二三四也。三四五也。四五六也。五六七也。六七八也。七八九也。八九一也。此三般卦。適用於零正兩神。迴各有別。至北斗打刼。卽易緯中已露端倪。總之後天卦位。離九坎一合十也。在一二三四各運。雖不能對待合十。然其變化。中宮與坎必合生成之數。如一入中。坎宮爲六。一六共宗也。二入中。坎宮爲七。二七同途也。三入中。坎宮爲八。三八爲朋也。四入中。坎宮爲九。四九爲友也。在六七八九諸運中宮之數必與離宮合生成之數六入中離宮爲一亦一六也七入中離宮爲二亦二七也八入中離宮爲三亦三八也九入中離宮爲四亦四九也此易所謂參伍以變錯綜其數通其變遂成天地之文極其數遂定天下之象者此也學者悟此夫然後知研幾矣由此推之山向飛星在五運時更成一種不可思議之妙

香溪老人又問山向飛星何以有不可思議之妙答曰北斗打刼蔣氏以爲最上乘作用其中至理無他不外生成二字生者因也成者果也凡能北斗打刼者天盤與山向飛星其氣一貫可悟因果二字之理如一運子山午向得

如圖五寄坎得一均在生成合十

向
一 一
五
六 五
二 九
六
山
之中

二運壬山丙向得

向
二 二
六
七 六
二
三 一
七山

三運子山午向爲

向
三 三
七
七
三
二
四 八
山

四運壬山丙向爲

向
四 四
八
九 八
四
五 三
九山

四運五寄巽作四至五運子山午向雖非打刼運星到山到向其中神妙不測更令人不可思議者矣

向
⑨五 六 九
九 五
四 五 ㊀ 一
山

五運山上飛星之五寄坎五到坐六到向一六共宗也中宮之一亦與向首之六合生成向上飛星之五寄離五到向四到坐四九爲友也中宮之九亦與坐下之四合生成山向與中五合十中宮復得一九兩數可悟一爲數之始九爲數之終以下類推此七星打刦之大略也

如三般卦必參伍山向四神之內如一運爲九一二三般卦二運爲一二三三般卦三運爲二三四三般卦四運爲三四五三般卦至五運四神均合四五六三般卦與各運更爲神妙向首五寄於九坐山五寄於一六與四遙合十也五與五原合十今寄一寄九亦合十也中宮亦合十也故五運之子午一局學者苟能知其玄妙其餘均可迎刃而解矣

胡伯安問。北斗打刼。此法究與河洛之理合否。答曰。甚合。所謂北斗打刼者。無非坎離中三宮處處合成生成。乾震二宮合成三般卦而已。如現在二運。壬山丙向可用打刼。因天盤飛星二入中。與坎宮七相遇。即二七同道也。向上飛星六入中。一到坎。即一六共宗也。（此指向上飛星之一與離方天盤之六合生成）山上飛星七入中。二到離。即二七同道也。（此指山上飛星之二與坎方天盤之七合生成）乾宮爲五。震宮爲八。與向上飛星之二合成二五八三般卦。總之一立極。坎宮爲六。一六共宗也。二立極。坎宮爲七。二七同道也。三立極。坎宮爲八。三八爲朋也。四立極。坎宮爲九。四九爲友也。六七八九入中。則離宮爲一二三四。均合生成之數。山向飛星。苟亦生成合十。則陰陽和矣。剛柔濟矣。雖非到山到向。亦无咎也。

或問北斗打刼。何以僅用坎離二宮。答曰。如一運子山午向。山上飛星順行二到山二者未來之氣也乾宮山向飛星爲四七震宮山向飛星爲七四離宮山向飛星爲一一合成一四七三般卦此卽經四位之義故癸丁辰戌庚甲亦能用之或謂辰戌庚甲山向飛星無二到豈能𠢕未來之氣不知離乾震三方均合一四七則上中下三元之運已能觸類旁通矣何不可打𠢕之有

韓崑源曹秋泉問前談打𠢕法業已明了閱章解反生障礙究竟若何答曰章解明白曉暢惟其訣仍未說明致生疑惑上月予在蘇晤仲山後裔於打𠢕法亦茫然爲之解釋始悟蓋乾巽二宮爲天門地戶於打𠢕最有關繫坎離二宮除五運外無論何運均一順一逆凡旺星到向者乾上飛星與離宮相合爲眞打𠢕若旺星到向巽上飛星與坎宮相合爲假打𠢕相合者卽一四七二五八三六九之三般卦也一九運之丙

壬壬丙。不能打刦者。一爲數之始。九爲數之終。其氣未免不淨。且犯反吟伏吟故也。玆列打刦眞假二表於後。凡遇眞打刦。塟之自能發福。總須視乾上形勢若何而定。假打刦有時亦可用。惟須視巽上形勢若何耳。若五黃入中之運。子午午子。皇極也。太極也。尊無二上。其挨星爲二五八。其飛星爲三六九。一四七。其氣滿盤。顧注而乾巽二宮之飛星。又爲二八。與中宮之五合成二五八。此時若有大地。及時塟之吉不可言矣。若卯酉酉卯乙辛辛乙辰戌戌辰丑未未丑八山向名曰三元不敗。蔣氏所謂最上一乘之作用也。

曹秋泉問。近在蘇城晤仲山後人。商搉北斗打刦之法。始終不露隻字。相處日久。允以執事之奧語第一節解釋相交換。始謂此係奇法。囑立誓不得洩漏。否則必犯天譴。彼曾偶洩此法。是年家中病人不少。亦姑妄聽之而已。彼云今年三運丙山壬向午山子向均能打刦與執事之說

不合一再辨論始終以天機不可洩漏相搪塞究係何故請高明决之

答曰胡伯安藏有姜垚從師隨筆云吾師（指蔣大鴻）在魏相國家中得祕笈諸法皆能了了獨於北斗打刦未載故註天玉經不敢明白載明一日告予北斗打刦即坎離二卦是也予窮思深究知用坎者與巽兑成三般卦用離者與乾震成三般卦再問之先生微笑僅謂子可與言道矣思得其半矣細繹仲山解釋此法實本姜氏之隨筆予則以爲思得其半知此法如能用坎則不能用離能用離則不能用坎二者不可得兼如三運丙山壬向離宮爲七（四二）坎宮爲八（三三）以四爲未來之氣刦而用之是也子山午向離宮爲七（三三）坎宮爲八（二四）以四爲未來之氣刦而用之亦是也始終不能决定乃歷訪人家塚墓始明用離合而用坎不合且令星非居向首不可刦奪未來之氣斷非三運能奪四運五運能奪

六運之謂實上元可刦中元中元可刦下元之謂也其法均出於易以圖證之可一目了然細玩天玉經亦能徹底明白經云識得父母三般卦便是眞神路北斗七星去打刦離宮要相合父母三般卦者即一四七二五八三六九之謂也三般卦者一二三二三四三四五四五六五六七六七八七八九八九一之謂也此節着重父母二字是言父母之三般卦非三般卦也可知刦奪未來之氣指元而言非指運而言也眞神路即隔四位起父母是也離宮要相合言離宮必須合三般是也又悟乾震二宮亦能用打刦法與離相同

北斗七星打刦表

一運	天元	子山午向	離乾震三方	一四七
	人元	癸山丁向	同	同

地元 辰山戌向 乾震離三方 同

庚山甲向 震離乾三方 同

二運 天元 酉山卯向 同 二五八

人元 辛山乙向 同 同

地元 壬山丙向 離乾震三方 同

三運 天元 子山午向 同 三六九

人元 癸山丁向 同 同

四運 地元 辰山戌向 同 一四七

壬山丙向 震離乾三方 同

六運 天元 子山午向 同 三六九

巽山乾向 離乾震三方 同

人元　巳山亥向　同　同
　　　癸山丁向　震離乾三方　同
七運　地元　壬山丙向　乾震離三方　一四七
八運　天元　子山午向　同　二五八
　　　人元　癸山丁向　同　同
　　　地元　庚山甲向　離乾震三方　二五八
九運　天元　酉山卯向　同　三六九
　　　巽山乾向　震離乾三方　同
　　　人元　巳山亥向　同　同
　　　辛山乙向　離乾震三方　同
　　　地元　壬山丙向　乾震離三方　同

以上二十四局。離宮相合爲眞打刦。內除六運之巽乾巳亥。九運之壬丙三局。犯反吟伏吟不用。　三運之午向。乾宮宜空。六運之午向。震宮宜空。九運之卯向。乾宮宜空。

祖緜謹按三運午向。乾宮宜空者。因離之向星爲三。乾爲六。震爲九。合成三六九三般卦。乾若不空。中元之氣塡實。不能通震九之元也。餘類推。

一運　天元　卯山酉向　兌巽坎三方　一四七

乾山巽向　巽坎兌三方　同

人元　亥山巳向　同　同

乙山辛向　兌巽坎三方　同

地元　丙山壬向　坎兌巽三方　同

二運　天元　午山子向　同　二五八

人元　丁山癸向　同　同

地元　甲山庚向　兌巽坎三方　同

三運　地元　丙山壬向　坎兌巽三方　三六九

四運　天元　午山子向　巽坎兌三方　一四七

乾山巽向　兌巽坎三方　同

人元　亥山巳向　同　同

丁山癸向　巽坎兌三方　同

六運　地元　戌山辰向　兌巽坎三方　三六九

丙山壬向　巽坎兌三方　同

七運　天元　午山子向　兌巽坎三方　一四七

人元　丁山癸向　同　同

八運　天元　卯山酉向　巽坎兌三方　二五八

人元　乙山辛向　同　同

地元　丙山壬向　兌巽坎三方　同

九運　天元　午山子向　同　三六九

人元　丁山癸向　同　同

地元　戌山辰向　坎兌巽三方　同

甲山庚向　巽坎兌三方　同

以上二十四局坎宫相合爲假打刦內除一運之丙壬四運之乾巽亥巳三局犯反吟伏吟不用

曹秋泉又問北斗打刦地運長短與到山到向同否較之乾山乾向乾水

乾峯四局力量如何。答曰。到山到向以運星入囚爲衰極死極之氣。僅向首一星到者。則以向首對宮之星（卽向上飛星。到山之字。）入囚爲囚。北斗打刦亦同此法。歷觀興敗冢墓自然了悟。茲將打刦向首入囚。列表如下。

七星打刦入囚表

運	山向	入囚
一運	子山午向（癸丁同）	九運囚（九運山上飛星爲九凶不宜修改）
	辰山戌向	三運囚（三運向上飛星爲三吉宜修改）
二運	壬山丙向	一運囚（一運山上飛星爲一爲反伏吟不宜修改）
	庚山甲向	六運囚（六運向上飛星爲六吉宜修改）
	酉山卯向（辛乙同）	七運囚（七運向上飛星爲七吉宜修改）
三運	子山午向（癸丁同）	二運囚（二運山上飛星爲二凶不宜修改）
四運	壬山丙向	三運囚（三運山上飛星爲三凶不宜修改）

辰山戌向　六運囚六運向上飛星爲六吉宜修改

六運　子山午向癸丁同　五運囚五運山向飛星俱五吉修造大利

巽山乾向巳亥同　犯反伏吟不用

七運　壬山丙向　六運囚六運山上飛星爲六凶不宜修改

八運　子山午向癸丁同　七運囚七運山上飛星爲七凶不宜修改

庚山甲向　四運囚四運向上飛星爲四吉宜修改

九運　壬山丙向　犯反伏吟不用

巽山乾向巳亥同　二運囚二運向上飛星爲二吉宜修改

酉山卯向辛乙同　五運囚五運當旺宜修改

以上爲眞打刼

一運、卯山酉向乙辛同　五運囚五運當旺宜修改

乾山巽向亥巳同八運囚八運當旺宜修改

丙山壬向犯反伏吟不用

二運　午山子向丁癸同三運囚不宜修改

甲山庚向六運囚六運當旺宜修改

三運　丙山壬向四運囚不宜修改

四運　午山子向丁癸同五運囚五運當旺修改大利

乾山巽向亥巳同犯反伏吟不用

六運　戌山辰向四運囚宜修改

丙山壬向七運囚不宜修改

七運　午山子向丁癸同八運囚不宜修改

八運　卯山酉向乙辛同三運囚三運當旺宜修改

丙山壬向　九運囚不宜修改

九運　午山子向丁癸同　一運囚不宜修改

戌山辰向　七運囚七運當旺宜修改

甲山庚向　四運囚四運當旺宜修改

以上爲假打刼

眞假打刼各得二十四局除反伏吟不用外各得二十一局仍須按虛實形勢生剋制化而用之在人心眼敏活而已至打刦法不過離於卜地時用之較到山到向已覺不及遑論乾山乾向乾水乾峯之局哉

志伊謹案七星打刦經云離宮要相合是言三般卦必與離宮相合未嘗言坎也自章氏仲山言三般爲坎至巽巽至兌兌至坎顚倒顚之三般是言三般卦與坎宮相合而不言離溫氏明遠遂言眞能打刦者僅

有坎離二宮。先生初亦用章溫之說。至晚年始悟合在離者爲眞。合在坎者爲假。并悟刦奪未來之氣。係指上元刦奪中元之氣。中元刦奪下元之氣而言。實與經旨相合。茲兼輯眞假二說。并立二表以明之。以坎宮相合。章溫二說。學者沿用已久。俾熟玩。先生晚年學說眞假判若天淵。再能多證名墓。自能毅然不惑矣。又案全局合十。既能運運貞吉。若一局而得一四七。二五八。三六九之三般卦。使三元九運之氣皆通。其貞吉當與全局合十等。如二五八運之艮坤。坤艮寅申。申寅。四六運之丑未。未丑。皆全局合成三般卦。是又於坎離打刦中別創一格者。目爲上乘作用。誰曰不宜。

卷一校勘表 地理叢說

篇次	頁面	行數	字數	誤字	勘正
序文	四下	六	一		衍一入字
	四下	六	第五字下		脫一入字
	十二上	六	二十四	一	一
正文	四下	六	八	日	干
	十二上	一	六	癸	亥
	十二上	一	十一	癸	亥
	二十下	十一	八	挨	起
	二七下	七小註	十七	生	坐
	三二下	一	十四	悟	誤
	三三上	九	第十五字下		脫一爲字
	三七上	五	第二十字下		衍元運相合四字
	三七下	三	廿[illegible]廿七	中運	運中
	四二上	三	第八字下		脫一七字

卷一 四八

自得齋地理叢說目錄

羅盤圖說

沈氏玄空學卷二

自得齋地理叢說

錢塘沈竹礽先生著

男 祖緜瓞民校訂
旌德後學江志伊編次
餘姚後學王則先補編

論四十八局

二十四山分順逆共成四十有八局此二句誤解者最多尹一勺註寶照天元節翻出四十八局更謬蓋四十八局者乃三元中自一運至八運山上旺星到山向上旺星到向共得四十八局耳如二八兩運之乾巽巽乾巳亥亥巳丑未未丑三七兩運之辰戌戌辰卯酉酉卯乙辛辛乙四六兩運之甲庚庚甲艮坤坤艮寅申申寅五運中之子午午子癸丁丁癸卯酉酉卯乙辛辛乙辰戌戌辰丑未未丑是也如將二十四山左

右分配恐不能勉湊此數惟一九兩運無旺星到山到向之局立向最難非名手萬不敢輕下也

天玉經乾山乾向水朝乾乾峯出狀元此指二八運中之乾巽巽乾坤山坤向水坤流富貴永無休此指四六運中之艮坤坤艮卯山卯向卯源水驟富石崇比此指三七運中之卯酉酉卯午山午向午來堂大將値邊疆此指五運中之子午午子註家紛紛均夢囈也　問乾山乾向水朝乾一節不能自圓其說究誤否答曰乾字乃一代名詞也如現在三運卯山酉向三到山三到向城門飛星亦三八國盤上飛星亦三此所謂乾山乾向乾水乾峯也餘類推

胡伯安曰乾山乾向水流乾乾峯出狀元此板法耳不論何運何山何向只要山向飛星合令星城門亦合令星高峯又合令星均可作乾山

乾向乾水乾峯論讀者不可泥看

則先謹按乾山乾向乾水乾峯有指飛星之乾言者其說亦合例如六運之甲庚艮坤寅申山向令星均六挨到六爲乾卽合乾山乾向水朝乾之局猶宅斷稽中堂祖墓三運子午兼壬丙合卯山卯向卯源水是也惟九運無到山到向之局午山午向午來堂之例未免闕然故仍以沈公代名詞之說爲概括

或問四十八局如此解釋三合家視爲穿鑿附會固無足怪不圖無錫章氏一派亦不以爲然何也曰能明龍分兩片陰陽取一句細讀靑囊經奧語曾序天玉原文自然明白再將二十四山向分運逐一挨排更當了然若墨守蔣章註解自然反生疑竇惟上虞有老地師汪某家藏祕本所論四十八局正同可謂先得我心者矣

問五運中何以有十二山向可用。答曰。天地至奇之理。莫如易。五運五入中。太極也。皇極也。故天元龍有子午午子卯酉酉卯四山向。四正也。地元龍有戌辰辰戌丑未未丑四山向。四隅也。人元龍在天地之中。又有乙辛辛乙丁癸癸丁四山向。造化之妙。有人力所不可測者矣。問。二八三七四六。此六運各得六局。獨五黃運得十二局何故。答曰。未明易理。並未明盤理。故未能解此極淺之理。五運元旦之盤也。五運五入中。挨星字字不動。各字比和。子癸丑陰也。卯乙辰陰也。午丁未酉辛戌亦陰也。陰與陰比和。均屬逆盤。故得十二局也。問。五運既有十二局。然則辰戌丑未四地局必可兼乙辛丁癸四人局矣。答曰。萬不可兼。雖同屬陰局。究犯出卦。楊公所謂出卦家貧乏。此言竟忘之耶。俗見以為一卦得兩卦之用。不可信。如用兼。惟替卦可從耳。

祖緜謹按向有眞得旺星者如二運之乾巽因二到向與先天之二同位三運之酉卯三到向亦與先天之三同位後天之艮爲先天震四四運立申山寅向其令星與先天之數正同先天之六爲坎居後天兌宮六運之甲庚令星六到兌亦爲先後天同位諸如此類是也有假得者七運之戌辰因先天之兌在辰今向上七到七爲兌是先天之兌與後天之兌相遇也餘類推

論上山下水到山到向

今之譚玄空者能知不出卦矣然上山下水絕不之知竟有誤爲到山到向者毫釐之差失之千里矣經云山上龍神不下水水裏龍神不上山言上山下水何等明白如二運之乾巽爲到山到向若戌山辰向則上山下水矣今人塟地卜宅竟有用戌兼乾乾兼戌者實不知運會耳志伊謹案

二運、乾山巽向、運盤二入中、三到山、一到向、再以山上之三、入中逆飛、二到山、又以向上之一、入中逆飛、二到向、是[illegible]到山到向、若二運作戌山辰向、以山上之三、入中順飛、二到向、以向上之一、入中順飛、二到山、是為上山下水、蓋天元、三為卯、一為子、皆陰逆行、地元、三為甲、一為壬、皆陽順行、逆行則到山到向、順行則上山下水矣、

青囊序云、山管山兮水管水、即言到山到向、天卦江東掌上尋一段、亦言到山到向、蔣氏云、略指一班春光漏洩、予謂略指一班則一文不值也、立向最忌上山下水、乃往往犯此、亦發者、其地必龍眞穴的、又得向首與入中之卦合十、併有一二節連珠吉水可通、相照、故發耳、然福來不全、禍來甚速、豈能如旺龍旺向之悠久不替乎、

論三星五吉

或問何謂三星五吉、答曰、三星者、每運入中之令星、山向所到之飛星是也、五吉者、即替卦、因一卦有兩卦之用、山向之飛星、有四合、以元運之令星、故云五吉也、細參都天寶照經、蔣註自明、一說上元一二三為

三星以輔弼龍來兼取入穴中爲五吉中元四五六爲三星以貪巨龍來兼取入穴中爲五吉下元七八九爲三星以貪武龍來兼取入穴中爲五吉亦須較其靜動生尅而用之耳

論一四同宮

鄧笏臣問西子湖頭獲遇有道一顧敝宅蓬蓽生輝相宅與房均不吉囑移牀位謂兩月後必守處州今日委檄適合尊意足下奇士而挾異術盍不出而用世耶答曰前相尊宅宅房不利故移牀以取一吉適合生旺理應一麾出守惟房門方位無生財之道敝省知府清苦之缺無如處州乃斷之如此其用法卽一四同宮訣耳無足爲異因見足下存心長厚無宦途習氣故偶施小技以報之至以某爲奇士得異術未免謬獎總之人在天地中能讀書卽能知理所謂理者人生一日不可須臾

離理者何河洛是也河圖變易之易也洛書不變之易也洛書雖不變然用法僅在二八易位四字之中二八易位者卽顛顛倒之意常理也非異術也明其理者常人也非奇士也人病不求耳至以用世相朂某則山林氣重自知非富貴中人雖平日讀書抱前不見古人之慨自知身後之名當有不沒之稱而已此外無他求也

論反吟伏吟

或問反吟伏吟之卦若何答曰反吟伏吟共有十二山向如一九運之壬丙丙壬（雙一雙九到山到向）二八運之艮坤坤艮寅申申寅（山之二八到向向之二八到山）三七運之甲庚庚甲（山之三七到向向之三七到山）四六運之巽乾乾巽巳亥巳亥（雙四雙六到山到向）五運之艮坤坤艮寅申申寅（僅犯反吟但兼犯上山下水）是也其禍害較上山下水爲尤甚犯此主家破人亡如一運壬山丙向一白入中五到離再以五入中順行九到向

一到山與二十四山地盤字字相同卽謂之反吟伏吟餘類推

或問反吟伏吟如何記憶曰二五八運坤艮宮三七運震兌宮四六運巽乾宮一九運坎離宮凡山向之飛星五入中順行則離又遇離坎又遇坎（飛星之數與地盤相同）爲之伏吟逆行則離宮一到坎宮九到爲之反吟然逆行必到山到向辨別甚易

韓崑源問人言五黃入中爲禍最烈萬不可卜宅而執事前言五黃運得十二局未免相反何也答曰五黃入中指每運之山向飛星非五黃運之五黃也因立極之星一遇五黃入中八國飛星凡屬順行者無一不叢犯本宮卽爲反吟伏吟如乾仍遇六兌仍遇七艮仍遇八離仍遇九坎仍遇一坤仍遇二震仍遇三巽仍遇四是逆行則否其所謂禍實反吟伏吟之禍耳　又問執事前註宅斷有言伏吟者其例若何答曰凡

卦氣叢於本宮即爲伏吟如乾山巽巽山乾亥山巳巳山亥巽宮飛星逢四壬山丙丙山壬坎宮飛星逢一皆是也然查此星落何宮按零正空實而用之亦可化凶爲吉

或問吾師前言九紫入中之年子山午向爲五黄二黑入中艮山坤向爲五黄七赤入中卯山酉向爲五黄何也答曰此即反吟因對宮所犯故也蓋九紫入中五黄臨子二黑入中五黄臨艮七赤入中五黄臨震運無妨惟年月日忌之運無妨者因運之所重在山向四神如三運用卯山酉向卯山飛星有山向二神酉向飛星有山向二神合之爲四神此最重要不在天盤之挨星也然天盤之戊己與己戊戊以入中之運爲轉移如壬子癸爲戊己己此戊己己實壬子癸也雖非壬子癸而實含有壬子癸之氣故一白入中之年五黄臨離即可作壬子癸臨離離

之對宮卽壬子癸與地盤之字相犯豈非反吟乎

則先 謹按九紫入中之年子山午向爲五黃換言之卽造葬忌坐年月日五黃且坐五黃必兼犯向星入中故爲選擇所忌此與四綠入中莫作巽同一義也

袁香溪謹按反伏二字從俗言其實易則反復也乾之九三終日乾乾因乾卦爲☰☰其互卦二至五又爲☰☰是本宮所叢也而乾之九三變兌爲☰☱而互卦爲巽巽與乾犯是對宮所犯觀四六兩運之乾巽向卽可知乾巽之爲反復如九三用乾乾二字是指本宮所叢言也

胤縣 謹按有說反吟伏吟與 先子之說微有不同者如七運立卯山酉向順挨至兌得九將九入中逆挨七到兌謂之令星到向宜見水八在乾謂之伏吟方因天盤之八遇飛星之八也此方在得令時反能致

福。一失令必致災禍。且多死於非命。少男尤甚。因八。即艮。艮爲少男故也。又如八運卯山酉向。八入中。九在乾。一到兌。再以一入中。九到乾。謂之伏吟。此由天盤所生者也。

論令星入囚

令星入中謂之囚。陰陽二宅逢囚即敗。然有囚得住。囚不住之別。如一運立戌向。運星二到向。至二黑運。即囚矣。但要坤方陽宅有門路。陰宅有水。則不能囚。蓋坤方爲五黃所臨故也。此指向上飛星之五黃。餘仿此推。惟五黃入中則不囚。蓋五黃中土也。至尊也。皇極也。何囚之有。

凡到山到向。係勾搭小地。其運之長短。於向上求之。如一運立戌向。運止二十年。此小三元也。若中吉之地。八國城門。左右二宮齊到。可得一百八十年。若係大地來脈綿長。又得生成合十。可得五百四十年。重之則

一千零八十年此大三元也

志伊謹案地運之長短即於向星之入囚定之如二八運之巽乾巳亥三五七運之辰戌皆旺也然運止二十年若乾巽亥巳戌辰則一百六十年三五七運之卯酉乙辛四六運之甲庚皆旺也然運止四十年若酉卯辛乙庚甲則一百四十年四六運之坤艮申寅二五八運之未丑皆旺也然運止六十年若艮坤寅申丑未則一百二十年五運之子午癸丁皆旺也然運止八十年若午子丁癸則一百年壬丙雖無旺運然丙向得八十年壬向得一百年此小三元年運之大致也

論收山出煞

或問天玉經末章云更有收山出煞訣亦兼爲汝說玩更有亦兼四字何等鄭重而蔣章註解均未言及究竟其理若何答曰此二句溫氏雖揭

其理。然終未明白透澈。其實蔣註章解溫續解。在都天寶照經。天機妙訣本不同。八卦只有一卦通一章內。已將收山出煞訣之要理。說得頭頭是道。學者見之自然明瞭。不過註此反略者。爲天機不可洩漏一語所誤耳。

論分金

或問分金時何以不用後天卦。答曰文王後天六十四卦。非明體也。乃入用之位。故不用後天方位。蓋大體已立。分金則細微事耳。

或問分金時所用甲子甲戌甲申甲辰甲寅五位。用法若何。答曰此納音也。每爻藏金木水火土。五行取不足宜補。有餘宜洩而已。與先天六十四卦。當互相對照。求無反對可矣。　張心言謂六十四卦。蔣氏不露隻字。豈知挨星盤盤皆六十四卦。惟張氏所言之六十四卦。只可於楚時分金用之所謂交不交是也。總之分金正法。宜將六十四卦中。與運星無反伏吟者用之。斯盡善矣。

或問。張心言辨正疏載方圓二圖。謂邵氏所得陳希夷者。然否。答曰。按六經圖。即有此圖。註云。右伏羲八卦圖。王豫傳於邵康節。而堯夫得之歸藏。初經者。伏羲初畫八卦。因而重之者也。其經初乾。初奭坤 初艮。初兌 初犖坎 初離。初釐震 初巽。卦皆六畫。即此八卦也。八卦既重。爻在其中。其圖與張心言所載者。絲毫不爽。張氏謂邵氏得之陳希夷。不知所本。六經圖。又有六十四卦。天地數圖。與王豫所傳之圖同。不過無卦名。而以數字代之。如否爲一八。萃爲二八。晉爲三八。豫爲四八。觀爲五八。比爲六八。剝爲七八。坤爲八八。餘類推。此圖分金當用之。

志伊謹案 先生分金法。晚年止用章仲山心眼指要所載蔣盤圖。於二十四山下每一山分作兩格載明甲子　先生則分作五格左右中三格無字中格兩旁仍列原有甲子其實無字之格暗含甲子特省文耳如天人兩元兼向者分金時範圍較廣惟地元分金最難用左邊有字處即出卦左邊有字處即陰陽差錯惟中格無字處方免此弊時師不明此理以爲無字處爲空亡不用謬矣

戊戌政變蟄居滬上猒聞新法與曾君廉泉遨遊山水間秋八月寓蘇州穹窿觀雨窗無聊偶談玄學曾云楊氏不言分金而子及之何也答曰楊氏非不言此不過楊氏當時之法與今三合家所談迥異耳今之三合盤實楊公手創其進一層退一層均有深意例如現值二運乾巽爲旺同此一卦而戌辰三運爲旺此進一層也丑未爲旺至四運則艮坤爲旺此退一層也二十四山則指洛書而言或進或退則指河圖而言

後人不察。妄將陰陽各字竄改。增加分金名目。若一一爲之訂正。則三合盤並無訛處。不過既明天心。視此若贅疣。不必用此苦功耳。曾曰。經傳中未言分金。吾子何苦多此一層魔障。答曰。奧語中知化氣。生尅制化須熟記。實指分金而言。且何令通。靈城精義亦言之。至蔣氏盤銘。五德爲緯。四七爲經。宮移度改。分秒殊情。亦指分金而言。況仲山心眼指要所載蔣公盤式。即備分金之用。又何疑乎。曾曰。心眼指要所載盤式與姜氏從師隨筆分金表不合。此何故歟。答曰。從師隨筆之分金表。想係蔣氏早年所定。至晚年乃用此盤耳。曾曰。心眼指要所載之分金表。如子字之下。僅列丙子庚子二項。而吾子以爲五格。豈中格空亡。吾子亦用之乎。答曰。此納音也。其法詳吾祖夢溪老人筆談中。納音與納甲同法。學者可在筆談中求之。五格者。如子字下爲甲子丙子戊子庚子

壬子癸如之丑字下爲乙丑丁丑己丑辛丑癸丑艮如之列表如下

子癸　甲子金　丙子水　戊子火　庚子土　壬子木

丑艮　乙丑金　丁丑水　己丑火　辛丑土　癸丑木

寅甲　甲寅水　丙寅火　戊寅土　庚寅木　壬寅金

卯乙　乙卯水　丁卯火　己卯土　辛卯木　癸卯金

辰巽　甲辰火　丙辰土　戊辰木　庚辰金　壬辰水

巳丙　乙巳火　丁巳土　己巳木　辛巳金　癸巳水

午丁　甲午金　丙午水　戊午火　庚午土　壬午木

未坤　乙未金　丁未水　己未火　辛未土　癸未木

申庚　甲申水　丙申火　戊申土　庚申木　壬申金

酉辛　乙酉水　丁酉火　己酉土　辛酉木　癸酉金

戌乾　甲戌火　丙戌土　戊戌木　庚戌金　壬戌水

亥壬　乙亥火　丁亥土　己亥木　辛亥金　癸亥水

觀此表知每字五格明矣。每格三度，若空中不用，必欲兼丙庚丁辛格內，則無一字不兼左兼右。天元人元之龍猶可，若地元龍則永無正格矣。此不可不察者也。曾曰：然則虛其中果何謂？答曰：此指洛書而言，虛其中即戊己也。若指河圖而言，虛其中即一運坎入中，二運坤入中，三運震入中，四運巽入中，六運乾入中，七運兌入中，八運艮入中，九運離入中。此莊子九洛之說所由起也。曾曰：分金之用法如何？答曰：易之理盈虛消息盡之。學者將此四字，取不足宜補，有餘宜洩，足矣。曾曰：張心言六十四卦，吾子以爲分金之用，如用納音，何必再用卦理？答曰：此六十四卦用先天卦，若定卦（即天心正運）、分星（即坤壬乙訣）之後，將卦象排列，若與六十四卦成反伏吟者則避之其用法與用納音微有不同曾曰吾子昔以張心言之法爲僞今以爲可用何耶答曰張心言之法用於下卦起星城門則僞用於避反伏吟則不僞矣

又答或問曰分金之法萬不可廢不過三合家所說之分金只能用於五運他運則不能用時須將天地山向四盤視其有餘不足調劑之若執一板格用之失玄空活潑潑地之旨矣子以分金法爲蔣章所未言不知章氏直解中知化氣生尅制化須熟記一段即分金要義也子平日奉章爲圭臬一字一思即知予言之不謬矣　或問心眼指要所載分金僅三合盤中之一種子言與三合盤不悞何也答曰章氏所載僅五運元旦盤之分金即定卦之盤也蔣氏手創此盤不過由博而約使人易明其理（近日通行之蔣盤分星一層多誤與蔣不符）知此可悟其餘各運分金之用惜學者昧

於古義茫然不解耳。蔣章二氏。皆以三合爲非。而於三合家所執之盤不以爲非。可見此盤固無可議者也。

袁香溪丈問。在上虞追隨半年。始悟玄空入門之訣。四十年疑竇一旦盡釋。弟因葬親始習斯道。前十餘年誤於三合。後念餘年誤於玄空僞術。行年六十。始知五十九年之非。朝聞道夕死可矣。弟之謂也。昔日爲人卜葬者四十餘處。自聞道後終日跋涉山川。知合法者只有四處。然當年亦未明其理。無非葬者家有陰德偶中而已。合城門者四處。其家業尚不替。餘則零正失宜。或陰陽差錯。或出卦或犯反伏吟。皆家業凋零。或身罹殘廢。或破財損丁。昔以爲龍眞穴的。何至如此。今始悔昔日以庸術殺人。現在擇其可用者爲之改正。至衰運各地實不能補救者。爲之措資遷葬。以贖前愆而已。昨過福祈山。擬作竟日之談。值兄有天台之遊聞須半年始歸悵然而返茲特奉書代問兄冀言分金用先天六十四卦何以不用後天卦此一疑也又謂張心言學有所本不過未將原委叙明近晤汪君痛詆張氏兄以爲非此一疑也又排卦時五黃究寄何宮此又一疑也請迅示知以釋疑竇答曰蕭寺寄身兄如老僧入定似與世相違矣雁足傳來大教如對故人快甚快甚吾丈宅心忠正將誤葬各墓一一更正古道照人今人中不可多得欽佩莫名分金用先天六十四卦不用後天者因先天出於天理之自然不同人爲造作詳見朱子答林粟書中朱子又答袁樞書曰若要見得聖人作易根原直截分明不費辭說於此看得方見六十四卦全是天理自然挨排出來聖人只是見得分明便只依本畫出元不曾用一毫智力添助蓋本不煩智力之助亦不容智力得以助於其間也云云夫先天出於自

然體也後天出於人爲用也因山向飛星已得其用故只用其體可矣至張心言言卦理絲絲入扣惜未將用法表明今人不明其理反詆其法之僞而先天六十四卦之分金法不明於世矣茲將一二兩運之子山午向排列二圖以明之

一運子山午向圖　張心言原圖有需而無坎此圖八國有坎而無需因五寄坎將中宮一卦移入離位與張心言原圖自合觀此則向首一星災福柄自明矣

山雷頤 八三 七	雷山小過 三八 三	風澤中孚 四七 二
水水坎 一一 五	水天需 五六 一	火地晉 九二 六
天水訟 六五 九	澤風大過 七四 八	地火明夷 二九 四

此張氏辨正疏第三圖也學者不明起卦向星特出萬不能悟其理

二運子山午向圖　五寄坤

雷水解 三一 八　　山地剝 八五 四　　澤天夬 七六 三

水雷屯 一三 六　　天澤履 六七 二　　地地坤 二二 七

地山謙 五八 一　　風火家人 四九 九　　火風鼎 九四 五

此張氏辨正疏第十三圖也。能知此第二圖。卽可悟張氏所載各圖之不誤矣。

至中五寄宮。蓋有四例。有謂坎納戊。離納己。於是有戊一己九之說。此一例也。有謂戊寄艮。己寄坤者。此又一例也。有謂上元甲子戊寄艮。己寄坤。中元甲子戊寄離。己寄兌。下元甲子戊己可隨意寄艮寄坤者。此又一例也。有謂隨天心轉移。一運五寄坎。二運五寄坤。餘運類推。今所推二圖。卽用此例。惟行篋無書。無可考證。山居養病。不能逐一挨排。舉二圖爲例。吾丈照挨之可也。

袁香溪丈又問。奉手書頓開茅塞。惟每運之五。何故寄於本宮。至五運究寄何宮。分金時。是否以張心言疏所列。先天六十四卦對照互校。乞示

答曰。易之理。不外體用二字。五運元旦之盤。洛書也。體也。其他各運之盤。河圖也。用也。前函寄宮諸例。均非非想之談。因吾丈精於易。一一開明。俾高明一一挨排。明其當然之理。然後可與言易理。然後可與言盤理。否則雖知下卦矣。而未知定卦之奧。雖知起星矣。而未知分星之用。其人不過與蔣大鴻章仲山張心言溫明遠等爾。何必窮年累月研究此學哉。夫盤理一六共宗。二七同道。三八爲朋。四九爲友。四句盡之矣。一運何以遇五黃仍爲坎。一運之天盤五黃附麗於離。乾坤合二七。兌震合三八。艮巽合四九。八國獨缺一。似離坎不能合一六矣。雖然離宮

之體爲五而其用仍爲一俗云萬物土中生萬物土中死蓋天之上地之下無非此一元之氣流行於六合而已明此則一運坎二運坤三運震四運巽六運乾七運兌八運艮九運離其理自可明瞭至山向飛星二盤遇五黃在坎運仍屬坎之氣也前列一運子山午向圖閱之自然明白二運屬坤閱二運子山午向圖亦可明瞭其他三四六七八九各運可知矣至五運寄坎離則指納甲也寄艮坤因中元之五流行之氣無定前十年可附坤後十年可附艮其實坤艮對待坤卽是艮艮卽是坤猶五雀六燕耳並非的論其義出於二五八之三般卦然則五運之五究寄何宮乎可將山向飛星之盤挨得之字何爲一六何爲二七何爲三八何爲四九內中缺一字此一字則玄關所在矣志伊謹案五運子山午向山上飛星一入中是八國缺一五卽寄一向上飛星九入中是八國缺九五卽寄九先天卦山爲風水渙向爲火天大有其他二十四山向五運寄五之法照此類推分金時互相校對用

張心言疏所列先天六十四卦圖可也。

祖緜謹案：先君一二運子山午向二圖，係將山向中宮之飛星配成內外卦爻，與先天六十四卦之卦爻相校。如前圖一運山爲晉卦，向爲坎卦，中宮爲需卦，與六十四卦中之乾坤姤復四卦之爻相校，無反伏吟者用之，有則避之。蓋六十甲子分金重在虛則補母、實則瀉子二語，所謂知化氣也。六十四卦分金重在避反吟伏吟，各有至理，不可偏廢者也。

或謂蔣氏不用分金，此大謬。蔣盤節氣上有十二支，學者每不察其理，豈知即分金也。仲山心眼指要載蔣公盤式，即有分金，惟用法過於祕密，僅於辨正中略指一斑耳。　分金不獨用於山向，即穴前所見之一山一水，莫不與分金相關，而且非常奇驗。　賴太素撥砂法即分金，張心言辨正疏所載卦理亦分金惟心言養其一指而失其肩背耳予歷年覆人墳墓生肖以納音爲主患病以六十四卦爲主不能絲毫放過曾廉泉譏予言分金如作詩之流於試帖予曰此詩之韻詞之律曲之譜也廉泉恍然

論照神

或問宅斷中有四水開陽各地雖非五運葬之亦吉何故答曰論正格則宜五運下葬論變格其他各運亦能用終須龍眞穴的將玄空五行配合得宜因穴之左右前後四水必有二水爲當運之吉星雖無五運中左右咸宜之妙然終無大咎因旣有二水爲吉至下運其氣一變又得二水可用周行不息非若僅有一水旺運一過卽衰也

論八煞黃泉

或問八煞之說若何。答曰八煞之說起於易之占筮。與地理無涉。今三合家宗之。而源流均未深悉。若以二十四山爻爻配合即知其說之謬。蔣氏雖闢之。然未將謬處辨正。是爲可惜。今臚舉於下。以二十四山字字對照。即可一目了然矣。八曜煞訣曰。坎龍坤兔震山猴。巽雞乾馬兌蛇頭。艮虎離猪爲煞曜。墓宅逢之一時休。凡八純卦中。六親尅本卦者。即爲煞曜。煞曜爲官鬼。萬不能執定官鬼即爲煞曜。因官鬼有時有吉有凶故也。執定以官鬼爲煞曜。卜筮尚不可。何况地理。如一坎龍坎水。內卦初爻戊寅木。二爻戊辰土。三爻戊午火。外卦四爻戊申金。五爻戊戌土。上爻戊子水。因戊辰土。能尅坎水。辰屬龍。故曰坎龍。葉九升。又謂坎宮有二鬼爻。因戊戌亦坎宮煞曜也。二坤兔坤土。內卦初爻乙未土。二爻乙巳火。三爻乙卯木。外卦四爻癸丑土。五爻癸亥水。上爻癸酉金。因乙卯木能尅坤土卯屬兔故曰坤兔震猴震木內卦初爻庚子水二爻庚寅木三爻庚辰土外卦四爻庚午火五爻庚申金上爻庚戌土因庚申金能尅卯木申屬猴故曰震猴其餘按占法推之無庸多贅所不合者以占法用於地理耳

或問八煞黃泉昔吾子以爲正軌不知究有理否答曰甚有理執事精三合今習玄空已悟城門一訣定能細細揣摩其理其文曰庚丁坤上是黃泉坤向庚丁不可言巽向忌行乙丙上乙丙須防巽水先甲癸向中憂見艮艮向須知甲癸嫌乾向辛壬行不得辛壬水路怕當乾無一字不有精義句句可用習三合者不能解習玄空者以爲三合所用不加考索詆爲僞法亦甚矣

或又問八煞黃泉之法窮思極想竟無頭緒執事以爲精義走則字字咀

嚼。竟不得其理。當時以此板法爲人下葬。以爲其法當如此而已。今則竟不知其意之所在。更不知其精也。答曰。其理卽城門也。庚丁坤上是黄泉一句。言甲山庚向。以坤宫爲城門。癸山丁向。亦可以坤宫爲城門。然庚地元也。城門在未。丁人元也。城門在申。若一見坤。卽犯差錯之病。故以黄泉目之。坤向庚丁不可言一句。艮山坤向之城門。在離兌二宫。坤天元也。當用離宫之午。兌宫之酉爲城門。若用丁庚之水。卽犯陰陽差錯之病。僅此二句。已將三元五星之法包括殆盡矣。恐學者不明再解釋二句。其餘可一目了然矣。至巽向忌行乙丙上一句。乾山巽向之城門在震離二宫。巽天元也。震宫之卯。離宫之午爲城門。若用乙丙之水。卽犯差錯之病。乙丙須防巽水先一句。言辛山乙向。以巽宫爲城門。壬山丙向。亦以巽宫爲城門。然乙人元也。城門在巳。丙地元也。城門在辰若一見巽卽犯差錯之病矣其訣不下司馬頭陀水法反覆推詳較水法爲要學者將一字一句靜心細讀自悟水法之訣至以水來爲黃泉水去爲八煞若在生方橫過者不忌等語蓋傳者不言其訣後人不解妄加注釋凡向前無水決不能結地於是不能不作此等語以搪塞之蔣氏作辨正一味盛氣淩人不能正其謬處竭力詆爲僞法使言三合者無地可容遂開攻訐之門此蔣氏之所短也至地支白虎兩黃泉實無理之可言好在習三合者亦不信之耳又救貧黃泉卽八煞黃泉也

或問救貧黃泉與殺人黃泉不同執事以爲相同何耶答曰救貧黃泉云辛入乾宮百萬莊癸歸艮位發文章乙向巽流淸富貴丁坤終是萬斯箱此啞謎語舉四正卦以用四維卦亦可用四正卦爲救貧黃泉也辛

癸乙丁人元也城門辛在乾癸在艮乙在巽丁在坤而已不言亥寅巳申者因此四字包括在乾艮巽坤四卦之內而已又救貧黃泉云庚向水朝流入坤管救此地出賢英丙向水朝流入巽兒孫世代爲官定甲向朝來入艮流管教此地出公侯壬向水朝流入乾兒孫金榜姓名傳此舉庚丙甲壬之向皆四正卦之地元也凡向之左右水合元運即是城門故庚在坤丙在巽甲在艮壬在乾而已不言辰戌丑未者因此四字已包括在坤巽艮乾之內也至黃泉不言天元因在乙丙須防巽水先四句之內矣總之黃泉無論殺人無論救貧宜活用不可死用殺人救貧毫厘之間耳今人談三合者一遇黃泉解釋語皆屬門外漢欲窺見室家之好難矣

或問黃泉有無一定之理答曰天下之物有象可見即有數可推如辛

入乾宮百萬莊乙向巽水清富貴二句城門在乾巽乾爲天門巽爲地戶辛向用乾之城門到山到向者無有也雙星會合於向首僅八運可用城門反之乙向用巽之城門到山到向者無有也雙星會合於向首僅二運可用城門二八合十之數也以此推之如甲山庚向庚山甲向亦以乾巽爲城門甲山庚四運到山到向乾宮可用城門則庚山甲六運到山到向巽宮可用城門六四合十也其中玄關仍在對待流行而已

曾春沂曰凡水法得法爲城門不得法即爲黃泉

論消亡水

或問消亡水如何用法答曰三合家所謂消水所謂亡水即先後天相破也先天之乾即後天之離午水流入乾去爲先天破後天謂之消水先

天之離即後天之震離水流入卯去為後天破先天謂之亡水嘗觀人家家墓有消亡水均咎因易之理凡先後天同位皆吉易之用字如遇交比同孚節志非先後天相遇即先天對待或後天對待也其說不可信

論三合

賈步緯問吾人極鄙視三合然今人從之者甚衆想有要義乞吾師詳言之答曰三合之說見於淮南子說亦古矣細繹淮南之言亦不過用於三煞此外無用也昔予習三合十餘年累月窮年實較習玄空為甚今始知無理可憑甚悔也至三煞有關堪輿者四言可以盡之申子辰年三煞在南巳酉丑年三煞在東寅午戌年三煞在北亥卯未年三煞在西蓋以申子辰合水局水剋火故煞在南巳酉丑合金局金剋木故煞

在東寅午戌合火局水火相尅故煞在北亥卯未合木局金木相尅故煞在西然必合局而用之實大謬也

胡伯安曰先生習三合時力闢玄空然常告予云三合法所造墳墓多不利且塋釋所葬諸墓皆絕嗣其法似不可信後習玄空乃知三合之無用此說將數千年僞法一筆抹煞快極快極

韓崑源問前聞三合有關煞方其說實爲要訣惟煞究係何物何以犯之禍患立見其理可得聞乎答曰易之理尙矣世俗所謂煞者氣也氣生於卦是故不明戊已之附麗即不明陰陽之消長不知乾坤艮巽之躔落即不解陰陽之變化煞之爲氣無形無質與吉星同充塞於天地之間人觸其機其應如響其故惟何即三合也此三合皆藉四維而斡旋其源出於隔八相生前言申子辰年月煞在南何以故申陽也陽順行

支中藏庚壬卽隔八至壬壬者坎宮之陽水也辰陰也陰逆行支中藏乙癸卽隔八至癸癸者坎宮之陰水也與子相合此之謂申子辰合水局其氣全聚於坎且陰陽相戰至大至剛以犯對宮之離而煞生焉不獨對宮受冲而離之左右巽坤二宮亦被其牽制故申子辰年月煞在巳午未三方可知矣寅午戌年月煞在北何以故寅陽也陽順行支中藏甲丙卽隔八至丙丙者離宮之陽火也戌陰也陰逆行支中藏辛丁卽隔八至丁丁者離宮之陰火也與午相生此之謂寅午戌合火局其氣全聚於離陽陰相戰至大至剛以犯對宮之坎而煞生焉不獨對宮受冲而坎之左右乾艮二宮亦被其牽制故寅午戌年月煞在亥子丑三方可知矣巳酉丑年月煞在東何以故巳陽也陽順行支中藏丙庚卽隔八至庚庚者兌宮之陽金也丑陰也陰逆行支中藏癸辛卽隔八

至辛辛者兌宮之陰金也與酉相合此之謂巳酉丑合金局其氣全聚於兌陽陰相戰至大至剛以犯對宮之震而煞生焉不獨對宮受冲而震之左右艮巽二宮亦被其牽制故巳酉丑年月煞在寅卯辰三方可知矣亥卯未年月煞在西何以故亥陽也陽順行支中藏壬甲即隔八至甲者震宮之陽木也未陰也陰逆行支中藏丁乙即隔八至乙乙者震宮之陰木也與卯相合此之謂亥卯未合木局其氣全聚於震陰陽相戰至大至剛以犯對宮之兌而煞生焉不獨對宮受冲而兌之左右乾坤二宮亦被其牽制故亥卯未年月煞在申酉戌三方可知矣兄治三合最久惜此中要義歷古迄今從無人道破可慨也

韓崑源曰此說將漢書天官五行蕭氏五行大義所未道着者一一爲之說明不獨三合家言可破習玄空者亦當奉爲圭臬其實申子辰巳

酉丑寅午戌亥卯未也即坎兌離震之大化氣也由此而推一切神煞具有根據豈空言哉

論雙山

或問雙山若何答曰三合家誤解二十四山雙雙起少有時師通此義兩句豈知雙雙起者山山如是不過各取一字以爲入中之的而已彼以長生旺墓硬凑二十四山則誤矣其謬之又謬者將此二十四山作十二宮干維並地支如癸丑巽巳從金艮寅辛戌從火乙辰坤申從水丁未乾亥從木乃謂之從氣如乾亥同宮爲木長生甲卯同宮爲木旺地丁未同宮爲木墓庫以亥卯未爲三合而以乾甲丁配之雙山云乎哉餘類推

論納甲

或問何謂納氣答曰三合家頗重之即納甲也乾納壬甲坤納癸乙震納庚巽納辛坎納戊離納己艮納丙兌納丁陽干納陽卦陰干納陰卦如壬龍壬納於離宜午向(三合以午爲陽)淨陽相配坎離相交也豈知淨陰淨陽自有元運在非板法可以語也

論奇門

奇門即九宮不過用於卜宅既有山向可爲入中之的不必再求陰遁陽遁其八門以休開生爲吉如紫白之取一白六白八白也休即一白開即六白生即八白其五黄入中數皆不動則謂之伏吟其他入中則八方必虛其一虛者門也實爲五黄加臨之方如坎休居中則離方必虛離即五黄加臨也乾開居中則巽方必虛巽即五黄加臨也餘類推如三奇絕體俗作禍害遊魂俗作六煞福德俗作延年本宮俗作伏位

奇門重在寄宮紀大奎說爲精並非一種至寶之物如天三奇爲乙丙丁言六十甲子之排列乙宮內無六甲丙宮內無六乙丁宮內無六丙如是而已至六儀戊己庚辛壬癸如坎宮起甲子順布如下圖

乙丑 坤　庚午 兌　己巳 乾

壬申 離　戊辰 坎 甲子 癸酉 壬午 辛卯 庚子 己酉 戊午

丁卯 巽　丙寅 震　辛未 艮

順布甲子坎宮得甲子癸酉壬午辛卯庚子己酉戊午而戊午爲之儀坤宮之二甲爲甲戌而己未爲之儀震宮之三甲爲甲申而庚申爲之儀巽宮之四甲爲甲午而辛酉爲之儀中宮之五甲爲甲辰而壬戌爲之儀乾宮之六甲爲甲寅而癸亥爲之儀此普通挨法其實不然如此

則兌艮離三宮無儀。所謂儀者，如坎宮以甲子爲首，而癸酉壬午辛卯庚子己酉戊午有六數，與甲子相耦。此儀字，即易之兩儀之儀，解言有六時以配甲，故謂之儀也。坎坤震巽中乾宮，每宮七時，得四十二時。兌艮離三宮，每宮六時，得十八時。兌宮始庚午，終乙卯。艮宮始辛未，終丙辰。離宮始壬申，終丁巳。終數乙丙丁三字，爲三奇。

天有三奇，地六儀一節，引奇門也。其挨法即天心各運之挨法。予曾作九圖，以奇門配之，明九運之用。其實奇門與挨星，二而一者也。總之城門一訣，收山出煞一訣，皆切於實用，餘則不過隨時點綴而已。

問九宮名目繁多，如何便人記憶。答曰，莫如列表以明之。

卦	數	方	星	奇門八門	九星	尊號	神名	垣局	洪範
坎	一	白	貪	休	軒轅	陽明	天英	玄武	天五行

坤	二	黑	巨	死	招搖	陰精	天任	人門	人五事
震	三	碧	祿	傷	天符	眞人	天柱	青龍	人八政
巽	四	綠	文	杜	青龍	玄冥	天心	地戶	天五紀
戊己	五	黃	廉	中	咸池	丹玄	天禽	天心	地皇極
乾	六	白	武	開	太陰	北極	天輔	天門	人三德
兌	七	赤	破	驚	天乙	天關	天冲	白虎	天稽疑
艮	八	白	輔	生	太乙	洞明	天芮	鬼路	天庶徵
離	九	紫	弼	景	攝提	隱光	天蓬	朱雀	人五福六極

右表凡奇門九星直符圖，作坎天蓬、離天英、坤天芮、艮天任、乾天心、巽天輔、兌天柱、震天冲，係飛星逆盤，學者不察，此退一位也。　又陰陽家八卦變：五鬼、絕命、天醫、生氣、絕體、遊魂、福德。其卦乾坤坎離震巽艮兌

相對而變亦先天之序也　又八卦九宮異名坎生氣坤天醫震絕體巽遊魂中央五鬼乾福德兌絕命艮本宮離天父天母

夏禹甸曰又有八詐門符頭卽直符次螣蛇次太陰次六合次句陳坎朱雀次九地次九天陰局有白虎玄武列入此本合陰符經奇門而着重於戎事堪輿書中反爲贅疣駢拇蓋各有取焉爾

論選擇

或問蔣氏不講三煞太歲有諸答曰天元五歌云渾天寶照候天星此是楊公親口訣不怕三煞太歲神（于氏地理錄要作不怕三煞與都天）陰府（于氏作符）空亡俱抹煞又云五行俱是陽中氣神煞何曾別有名只將日月司元化萬象森羅在掌心此爲蔣氏不怕神煞之本惟用玄空於五黃入中之年忌修造此五黃非板五黃也如九紫丙午丁山對宮爲一白壬子癸向以一白入

中宮之年爲五黃壬子癸山對宮丙午丁向以九紫入中宮之年爲五黃餘類推總之玄空以星運爲重而以神煞爲輕　太歲不可犯而與挨星關會其驗如神其法以原造之地盤同專臨之天盤相參並論惟太歲子年在坎丑寅年在艮卯年在震辰巳年在巽午年在離未申年在坤酉年在兌戌亥年在乾此爲地盤一定之太歲也其加臨者如酉年太歲占兌再遇年星五黃入中七赤到兌則兌爲年盤太歲併臨之地修造犯之大凶餘可類推

或問蔣氏天元五歌選擇一卷其意何居答曰一言以蔽之運紫白年紫白月紫白日紫白時紫白物物一太極而已明此理此卷卽能解

或問天月德有盤理否答曰無關漢書言堪輿家非指形家言乃指選擇言耳想漢時言堪輿者其選擇用紫白圖而已今曆書猶沿用之與選

擇。極有關係。蓋天德者。周天三百六十五度二十五分。外除十二宮分野。每宮三十度。計三百六十度。外有五度二十五分。散在十二佐宮。甲庚壬丙乙辛丁癸乾坤艮巽內。謂之神藏煞沒。每宮各得四十四分。如甲卯。卯中有甲庚酉。酉中有庚丙午。午中有丙壬子。子中有壬丁未。未中有丁癸丑。丑中有癸乙辰。辰中有乙辛戌。戌中有辛乾亥。亥中有乾坤申。申中有坤艮寅。寅中有艮巽巳。巳中有巽此天德也。因天德陽之德。故正月起自乾卦之前一辰。亥上順行。乃正月亥、二月子、三月丑、四月寅、五月卯、六月辰、七月巳、八月午、九月未、十月申、十一月酉、十二月戌、月德陰之德。日月會合之辰也。故正月起自坤卦之後一辰。未上順行。乃正月未、二月申、三月酉、四月戌、五月亥、六月子、七月丑、八月寅、九月卯、十月辰、十一月巳、十二月午、此天月德之理。今三合盤皆用之。而不知其所以然。夫流行之氣。運運不同。三合家未免膠柱鼓瑟矣。

或問欽定修造吉方立成一書若何答曰此書自嘉慶二十五年起每年由欽天監刊發至光緒二十五年後停止初各處應修工程均令欽派勘估大臣帶領欽天監官相度方向應修理者奏明奉旨遵行二十四年冬上諭刊刻此本嗣後欽天監官員停止派往以監中清苦不勝賠累故也其書即採擇協紀辨方中語不過簡便使人易知耳

丙午夏川友以選擇辨正見貽此書賫中謝鄉癯作共八卷如天元歌天星祕竅渾天寶照日知錄等均係通行本病中得此倦眼一新惟此等擇日只可用之婚嫁如葬日宜仔細一些若用此法不如用九宮較爲無弊書中凡例謂舉世用干支獨造命不用干支舉世用神煞獨造命訣不言神煞何言之謬也蔣氏云只求年月日時利年月日時即干支神煞也其造命式一卷所擇之日無一非干支神煞何言行不相符耶

此書極不可采。學者不可果信也。

或問祿有用否。答曰。司馬頭陀水法所謂祿者。是城門訣。天玉經所謂合祿合馬合官星。係選擇之用。然吾於祿字頗有疑慮。夫一切神煞皆由乾巽坤艮四維而來。如甲乙丙丁庚辛壬癸八干之首一字均爲祿。故甲祿在寅。乙祿在卯。丙祿在巳。丁祿在午。庚祿在申。辛祿在酉。壬祿在亥。癸祿在子是也。乾比戌。巽比辰。艮比丑。坤比未。因四維非干。故不以祿稱之。名之曰庫。然戊己無定位。與四維同。何以戊附於丙。己附於丁。此愚所未解者也。

或問何謂戊附於丙。己附於丁。答曰。今世俗戊祿在巳。己祿在午。與丙丁之祿同。夫己在午。合諸卦理。猶可勉強附會。因先天之乾爲後天之離中變一爻即己土也。則己附於丁。尚可通。至戊祿在巳。余百思不解其

故蓋先天之坤爲後天之坎中變一爻即戊土也又何能遠托巽宮以巳爲祿哉

李庚伯問時憲書載天德正丁二坤三壬四辛五乾六甲七癸八艮九丙十乙十一巽十二庚月德正五九丙二六十甲三七十一壬四八十二庚與先生所說不合答曰余所言者是天月德之起原由乾巽艮坤四維之斡旋時憲書所載用也如正月天德生於亥亥人元對宮爲巳巳屬巽卦巽鄰離離人元爲丁此丁即天德二月生於子子天元其對宮爲午午屬離卦離鄰坤坤之天元爲坤此坤屬天德三月丑地元也庫也對宮之未亦爲庫故無庸求對宮即以本宮之鄰卦地元爲天德逆行其鄰爲坎卦坎之地元爲壬此壬字即天德以下類推故天德合如正月在丁丁壬合也二月在坤坤維也無合凡四維均無合三月在壬與丁合以

下亦可類推月德正五九月在丙正月未未地元逆行至離離之地元爲丙丙月德也五月亥亥乾之人元也對宮爲巳巳巽卦也巽之隣爲離卽以離卦之天元丙爲月德九月卯卯四旺之局其最近旺方爲午午之前一字爲丙此丙字卽月德以上爲亥卯未之一局至申子辰巳酉丑寅午戌各局可推而知矣世人往往去四維而求起例則萬難配合至月德合如丙合辛之類是也月空卽月德對衝之地

凡遇四生四旺卽以本位對宮字右一字爲天德如二月子對宮爲午午之右爲丁丁卽天德四墓之月卽以本位逆數第四字爲天德如三月丑天德在壬是也餘類推月德四墓四生與天德挨法同惟四旺之月如六月由子到卯卯旁之甲卽月德也

或問選擇一道昔年余以甘氏之說爲天元歌所據以其說爲依歸故深

信而不疑後以卜宅不驗乃至閩粵從洪羅二氏游另有所得昨問先生一席話則主卦氣且先生推步之學著名海內何以將七政四餘竟棄之請示答曰足下所習者弟均習之後讀易緯稽覽圖甲子卦氣起中孚一句始悟聖人作歷即憑卦氣如辟卦爲十二月令無人不知之而每日一爻知之者少於是術者以神煞惑衆矣且天下之理不外氣數二字盡之氣爲重數次之蓋氣能蓋數如人之將死數也然其能作福可免罪戾因其氣充塞天地之間即數亦隨之而易如七政四餘天星數也用卦象氣也且易緯八種中擇日之法已盡奈何不取法於上而囿於曲學哉且古人推步之法皆本於易考唐一行推大衍之策亦易也即西人推步天文亦與易相通不過紀年之故致天文纏度略有差訛然用於卜葬尙無礙

論三元僞法

三元僞法張心言疏中臚舉大概大致尚合惟補救水神圖實係正法而張氏未能分清下卦起星截然爲兩途將正宗變爲僞法矣末載三圖第一圖合第二第三圖均誤實張氏未明的派眞傳耳

予近年見玄空僞法不一而足臚舉如左使學者易於辨別 一用呆板卦氣者如一運用坎二運用坤三運用震四運用巽五運借用艮坤六運用乾七運用兌八運用艮九運用離是也 一單用天盤者其法如二運二入中乾宮挨三巽宮挨一一爲統卦氣三爲未來旺氣以戌乾亥與辰巽巳山向爲旺更誤於兼取輔弼往往用戌山辰向兼辛乙因震挨九九即弼以爲一吉也 一誤於費解倒排父母者其法亦用天盤取父母時不論陰陽山向均用逆飛則無不到山到向是也 一法

用向從天盤陽順陰逆山則不用天盤均五入中順行 一以生成數用生者去成用成者去生加一十數者其法如一入中下卦時逢六則進一位而爲七如下圖

十	五	八
九	一	三
四	七	二

二入中下卦時逢七則進一位而用八三入中下卦時逢八則進一位而用九之類是也乾鑿度太乙下九宮之法均自一至九遞爲流轉康乾時宋易盛行學者誤解大衍之數五十所致耳 一誤用起星者起星與下卦截然分爲兩事不能相混而世之誤用此法者有二其一亦用天盤將天盤挨得之字即用坤壬乙四句所列之星入中例如一運

子山午向午挨五屬廉貞子挨六屬武曲即以廉武入中之類其一不用天盤無論何運均用坤壬乙四句之星入中如艮山坤向即以巨破入中挨排是也　一誤於隔四位起父母者其法亦用三般卦如一運以七入中逆行六到乾宮巽山乾向爲旺人地次之二運以八入中逆行八無伏位無旺運三運九入中逆行七到兌宮卯山酉向爲旺四運一入中逆行三到震宮酉山卯向爲旺五運二入中逆行八到艮宮坤山艮向爲旺六運三入中逆行四到巽宮乾山巽向爲旺七運四入中逆行九到離子山午向爲旺八運五入中逆行無伏位故無旺運九運六入中逆行一到坎午山子向爲旺老友張純庵即用此法　一呆板六十四卦其法以龍穴砂水取張心言疏中所列六十四卦圖如法湊合是也　一用端木氏易理葬法其法附見地理元文後不贅　一用

陰陽順逆其法不用天盤以甲庚丙壬屬陽順行乙辛丁癸屬陰逆行　一用起廉貞者其法用位位起廉貞貪狼次第行二句爲要訣法有中起中止弦起弦止　一納甲法以乾甲坎癸申與辰四句爲主旨順逆挨排者　一有用一坎甲午亥一訣以順排取八宮者不知者以爲替卦正訣其實卽去五不用也訣曰

一坎甲八午五亥二　二坤未八艮五申二　三震壬八酉五巳二

四巽丙八乾五乙二　六乾庚八巽五癸二　七兌戌八卯五丁二

八艮丑八坤五寅二　九離辰八子五辛二　此訣見玄譚薈萃中其字句多經後人竄改實乃江湖術士挨星口訣便人記憶二五八之位置不必用排掌訣而已其訣以地元龍爲八白天元龍爲五黃人元龍爲二黑至坤艮爲生死之門入中與一三四六七九有別二入中則人

元龍用申八入中則人元龍用寅如坎一入中八五二在甲午亥三方甲震之地元龍也午離之天元龍也亥乾之人元龍也言甲而不言卯乙言午而不言丙丁言亥而不言戌乾者舉一反三之意換言之卽一入中二五八在乾離震三方是也餘類推總之玄空訣是訣而術是術訣與術截然不同不可誤訣作術或誤術作訣也更有見以中宮首飛乾次與兌相連之訣爲術者其誤正堪與此同發一噱也・一用眞義三章者 此外僞法甚多此不過舉其大略而已

祖緜 謹按有以天機得眞一書爲斋書者其訣以先天之數與運星相同者爲上吉之向且一卦三山不分軒輊吉則俱吉如一運運星一入中四到艮後天之艮適當先天震四之位遂以丑艮寅三向爲上吉演圖如左

二兌 九	一乾 五	五巽 七
三離 八	一	六坎 三
四震 四	八坤 六	七艮 二

餘如三運之八到坎八爲先天坤位二到巽二爲先天兌位四運之兌合坎六五運之震合離三六運之離乾兩方合先天之乾一與艮七八運之坤合巽五均爲上吉

又以先後天比和者爲次吉如二運之六到離卽乾與乾遇九到震卽離與離遇五到艮卽巽與巽遇六運之二到坎二卽坤也七運之四到坤四卽巽也八運巽方七到與先天兌遇九運艮宮三臨與先天震值均爲次吉

更以四運之七到艮六運之四到震五到巽亦穿鑿而謂合於先天艮

七震四巽五之數以爲次吉可笑殊甚夫理氣以後天爲用山向飛星爲重用失其當雖有偶中得不償失徒自誤誤人而已

論一行僞法

唐一行滅蠻經全書已不見而其術流傳至今爲生氣天醫延年禍害六煞五鬼絕命伏位八者惟一行頗精易理錯綜變化足爲讀易之一助其挨排之來歷分揭如次

(一)生氣即先天卦位變上一爻如下圖

渙 ⊖ ⚊ ⚋ 坎　巽 ╳ ⚊ ⚋ 井　坤 ⊖ ⚋ ⚋ 謙

履 ⊖ ⚊ ⚊ 兌　艮 ╳ ⚋ ⚋ 剝

夬 ╳ ⚊ ⚊ 乾　震 ⊖ ⚋ ⚊ 噬嗑　離 ╳ ⚋ ⚊ 豐

如乾變兌兌變乾離變震震變離之類其排列之次序如下圖

巽（坎　艮
乾　坤
兌）離　震

如乾兌為夬兌乾為履按上圖卦名讀之可也凡生氣皆五世卦五為尊位故以生氣目之術者謂生比自然則誤矣

（二）天醫卽先天卦位變下二爻如下圖

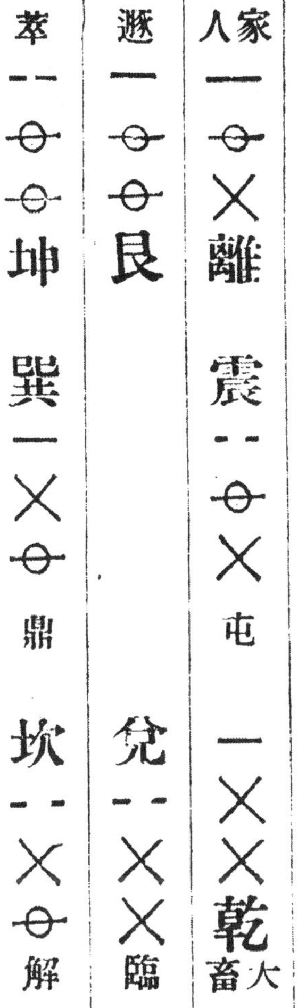

家人 ─⊖×離　震 ╎⊖× 屯　─××乾 大畜
遯 ─⊖⊖艮　兌 ╎××臨
萃 ╎⊖⊖坤　巽 ─×⊖ 鼎　坎 ╎×⊖ 解

如乾見艮艮見乾坤見兌兌見坤之類其排列之次序如下圖

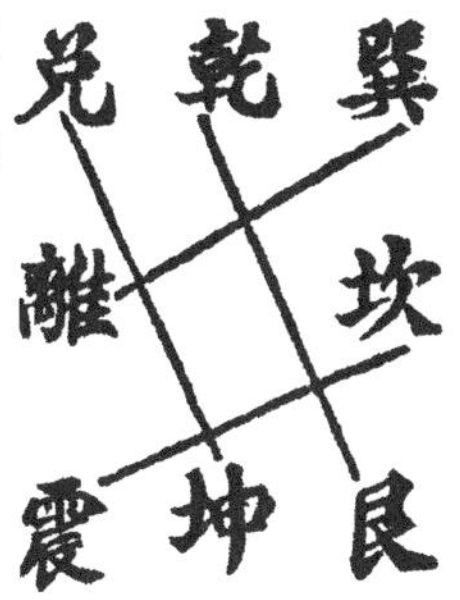

巽　坎　艮
乾　坤
兌　離　震

如乾艮為遯艮乾為大畜按上圖卦名讀之可也凡天醫皆二世卦

（三）延年卽先天卦位三爻皆變乾變坤坤變乾兌變艮艮變兌之類其排列如下圖

益 ⊖⊖×震　離×⊖×既濟　兌⊖××損　如乾坤爲否坤

否 ⊖⊖⊖坤　乾×××泰　乾爲泰坎離爲

咸 ×⊖⊖艮　坎⊖×⊖未濟　巽××⊖恆　既濟離坎爲未

濟凡延年卽對待之位皆三世卦其排列次序圖從略

（四）禍害卽先天卦位變下一爻如下圖

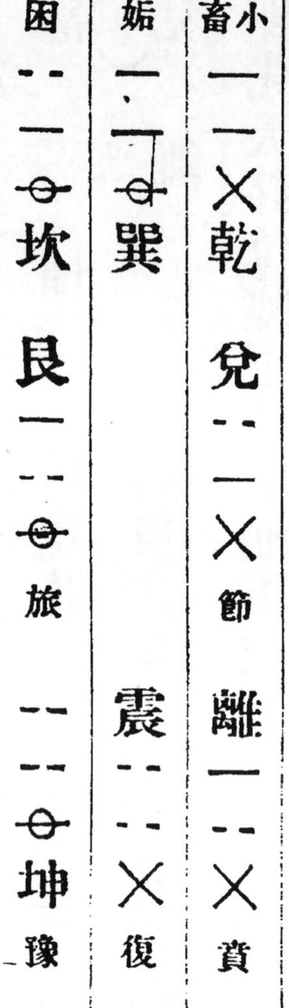

小畜 ——×乾　兌 ‥—×節　離—‥×賁

姤 ——⊖巽　震‥‥×復

困 ‥—⊖坎　艮—‥⊖旅　‥‥⊖坤豫

如乾見巽巽見乾兌見坎坎見兌之類其排列之次序如下圖

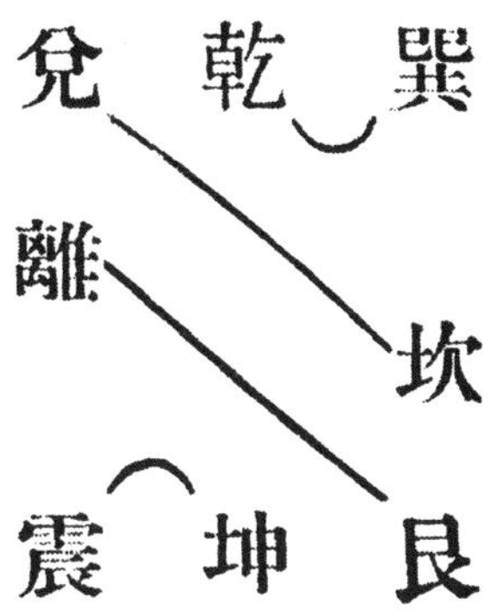

巽　坎　艮
乾　　　坤
兌　離　震

如乾巽爲姤巽乾爲小畜按上圖卦名讀之可也凡禍害皆五世與四世之卦也

（五）六煞即先天卦位上下爻變如下圖

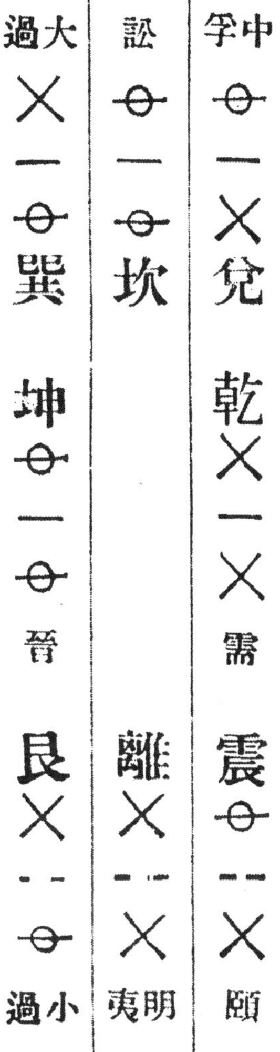

中孚 ⊖一× 兌　乾 ×一× 需　震 ⊖--× 頤
訟 ⊖一⊖ 坎　離 ×--× 明夷
大過 ×一⊖ 巽　坤 ⊖一⊖ 晉　艮 ×--⊖ 小過

如乾見坎坎見乾坤見離離見坤之類其排列之次序如下圖

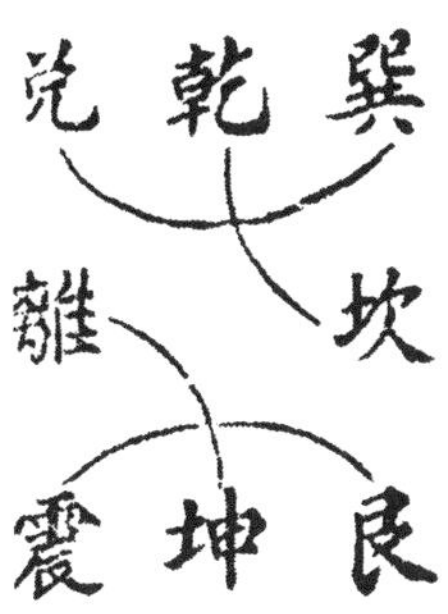

巽　乾　兌
坎　　　離
艮　坤　震

如乾坎爲訟坎乾爲需坤離爲明夷離坤爲晉按上圖卦名讀之可也凡六煞皆遊魂卦也

（六）五鬼卽先天卦位變上二爻如下圖、

觀 ⦶ ⦶ ⚋ 坤 艮 ✕ ⦶ ⚋ 蹇 坎 ⦶ ✕ ⚋ 蒙

无妄 ⦶ ⦶ ⚊ 震 巽 ✕ ✕ ⚋ 升

革 ✕ ⦶ ⚊ 離 兌 ⦶ ✕ ⚊ 睽 乾 ✕ ✕ ⚊ 大壯

如乾見震震見乾兌見離離見兌之類其排列之次序如下圖

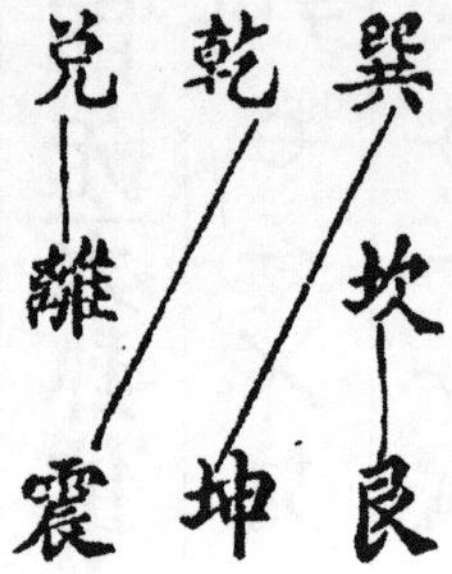

巽—坎—艮
乾—坤
兌—離—震

如乾震爲无妄震乾爲大壯兌離爲革離兌爲睽按上圖卦名讀之可也凡五鬼亦爲二世與四世之卦也

（七）絕命卽先天卦位變中一爻如下圖、

漸 ⚊ ⦶ ⚋ 艮 坤 ⚋ ⦶ ⚋ 比 黑 ⚊ ✕ ⚋ 蠱

同人 ⚊ ⦶ ⚊ 離 坎 ⚋ ✕ ⚋ 師

隨 ⚋⊖⚊ 震 乾 ⚊╳⚊ 大有 兌 ⚋╳⚊ 歸妹

如乾見離離見乾坤見坎坎見坤之類其排列之次序如下圖

巽 坎 艮

乾 坤

兌 離 震

如乾離爲同人離乾爲大有坤坎爲師坎坤爲比按上圖卦名讀之可也凡絕命皆歸魂卦

（八）伏位即八純卦不易也乾仍爲乾坤仍爲坤兌仍爲兌艮仍爲艮離仍爲離坎仍爲坎震仍爲震巽仍爲巽是也

此八者對於先天之變極有一種次序室術者以吉凶斷之則誤矣

論諸家得失

予昔年習三合嗣因中台山擇地大起疑竇後讀蔣氏平砂玉尺辨僞始知三合之無根據乃棄而習玄空奈世之習玄空者均一知半解無可

問津爰薈萃諸家日夜窮思洞明其理始信其法之不謬然非精熟巒頭讀理氣書無所用也　或問平砂玉尺經究合否曰此書恐非劉氏所著必係江湖謀食之徒所僞造予嘗見袁柳莊之子忠徹著古今識鑒一書論人相極有見地與坊本柳莊相法迥然不同又曾公安青囊序別本至五六種之多均爲後人所改竄此書亦然　或問玄空書以何者爲要曰玄空祕旨天機賦（亦作玄機賦）均可讀天機賦吳景鸞著玄空祕旨有云景鸞著有云目講僧著又南唐何令通靈城精義理氣章亦多可采總之非有人口授實難入門　或問楊公書言理氣者何書最佳曰天玉經字字珠璣惜被蔣氏一註反生障礙　或問蔣氏之學若何曰蔣爲明季遺老以文學著有詩載沈歸愚別裁集中五言排律學杜頗有門徑明社屋後隱於此道著辨正一書實有見地惜誤解天機不

可洩漏未將諸要訣註出又不將玄空用法一一告人致後人僞說百出雖爲地理之大功臣亦爲地理之大罪人　或問郭璞葬經何本爲佳曰以元吳澄删定本爲佳此書後人多疑僞作然其中頗有見地不可不讀又問元經若何曰此書有三本今日通行本見五要奇書中與其他兩本彷彿書中皆三合語文字淺陋其爲江湖謀衣食者僞造無疑文選中載景純五言詩何等樸茂淸逸與元經比較可知矣　或問地理全體大用合編一書若何曰是書分四卷卷一二三爲地理全體懷遠林士恭著專言巒頭無甚深理卷四爲地理大用陽湖吳頤慶著言盤理淸淺而切於實用與華氏天心正運可相輔而行不失爲正軌中言鎮壓法俗不可耐又誤解辨正處亦時有之　或問地理知本金鎖祕一書若何曰此書南康鄧恭撰恭字夢琴別號夢覺子書分上下

兩卷上卷言易理字字珠璣下卷言穴法穿鑿附會且有背理氣另有祕旨圖說二卷末刊予遊南康訪其舊居至南良村得讀之毫無深義其表弟盧洪攀作夢覺小傳謂其訪道方外師圓覺山人出以玉函枕祕口授指畫始得眞傳云云世之庸師動以欺人者有二言傳書必玉函枕祕火彈子其實皆空譚玄理言用法必謹守祕密訪道方外得異人傳授爲江湖術士一種口頭禪非此不足以騙錢不足以欺世千篇一律卽將氏亦所不免書中附刻詩文已屬創見詩格卑下文無義法可言其論范宜賓謂狗彘不屑食其肉未免太甚矣

或問師言吳少苑地理大用尙可讀惟悖理氣處尙多頃讀此書不明其悖理處乞示曰讀書須精細至陰陽五行之書尤不可效武侯之不求甚解此書誤處百出武斷亦多其理論姑不具論至圖式固一目可瞭書中各運盤

圖除五運外其餘安置戊己無一不誤又創半陰半陽之僞說以掩飾之而凡五入中之飛星皆誤矣惟一運之子午癸丁一圖丙壬兼子午一圖此圖飛星雖不誤然不知用替卦也三運之卯酉兼乙辛一圖七運辛乙兼酉卯一圖九運午子兼丁癸一圖不誤然亦偶然而已其應用替卦者并未說明吳氏實不知其所以然也

近世習玄空者分六大派曰滇南派無常派蘇州派上虞派湘楚派廣東派滇南宗范宜賓無常宗章甫蘇州宗朱小鶴上虞宗徐迪惠湘楚宗尹有本廣東宗蔡岷山六派中能融會貫通者實無一人其書均有流弊由於嚴守祕密以訛傳訛即有誤處不肯輕洩無人糾正耳　上虞習玄空者多中地理元文之病因端木氏聰明絕人其所不能解者動將原文改竄如奧語開篇即改爲坤壬乙廉巨從頭出艮丙辛巨門

與祿存巽庚癸貪狼武曲位乾甲丁巨武一路行云云　張心言一派學者最尠因習此道者大半不知易理一見張氏說卦皆退避三舍

或問端木氏言卦理張氏亦言卦理何以上虞一派不宗張而宗端木

答曰張言卦理鍼鋒相對人不能勉強空談端木言卦理語無中肯人讀其書可以高談闊論耳

問張心言辨正疏上列各卦令人不解曰

張氏各圖出自吳門潘斗齋景祺少明卦理者即一目了然首三圖以王豫所授邵康節之圖爲本第四圖加以二十四山者也其一運八卦爲一之一即本宮上世之卦也二運八卦爲一之二即四世之卦也三運八卦爲一之三即遊魂四世之卦也四運八卦爲一之四即二世之卦也六運八卦爲一之六即五世之卦也七運八卦爲一之七即歸魂三世之卦也八運八卦爲一之八即一世之卦也九運八卦爲一之九

卽三世之卦也甲癸申二圖卽本宮上世變三世之卦也坤壬乙二圖卽四世變一世之卦也巽辰亥二圖卽五世變二世之卦也艮丙辛二圖卽遊魂四世變歸魂三世之卦也八宮各有一卦無反對圖卽本宮上世變遊魂四世歸魂三世之卦也下七圖可類推　近人宗華亭張受祺及秀水于楷之說者謬處最多蓋玄空之學乾嘉盛行自紀大奎地理末學出學者從而和之而玄空遂絕迹今日地師非出卦卽陰陽差錯欲求昇平之世其可得乎　或問張受祺著何書其學若何曰張式之乾隆時人所著有古書正義內輯青囊經三字青囊經青烏經狐首經管子指蒙葬經尋龍捉脈賦注中引蔣氏之說惜於挨星一無門徑此外又有青囊正義（卽青囊奧語及曾序）天玉經正義（後附天玉外編）寶照經正義偏地鉗正義其註均背卦理深中葉九升之誤而天玉經外編尤謬　或問于

楷忽以蔣氏爲然忽以挨星爲謬何也曰蔣氏可宗者惟挨星舍此別無可取于氏未得其訣故有此非非想之談　于端士地理錄要所采各書惟歸厚篇尙可讀又采范宜賓盤理各篇而不知范氏之誤竟以巒頭讀之支離百出毫無義理之可言　或問范宜賓誤在何點曰范氏乾坤法竅一心要將前人所不肯洩者明白透露此范氏不可及處惜未得挨星之訣其誤處在隔四位而起父母又以雙雙起誤爲陰出脈陽出脈於是滿盤皆錯　或問尹有本之學若何曰尹氏於巒頭略有門徑所著四祕全書自作聰明不足爲訓其補奧語挨星條例云子未卯一三祿存倒乾戌巳文曲共廉貞寅庚丁一例作輔星午酉丑右弼七八九無一是處是不明挨星者也註都天寶照經補足四十八局更無見地首部徵驗圖考所卜諸穴立向均誤　或問大玄空與小玄

空有別否曰無別佛經言大小乘人多非之今言大小玄空亦非　或問靈城精義與天機賦玄空祕旨若何曰皆有用之書與楊曾諸書當相輔而行不可偏廢　或問地理元文所引邱公心印邱公何代人心印有單行本否曰邱名延翰唐贛州人心印一書上虞抄本甚多然經端木國瑚刪節恐非原本邱又有海角經未見有五運六氣總論言分金頗可采　或問龍到頭口訣反覆讀之爲學更上一層此篇係何人作曰不著撰人姓名吳鏡泉圖書發微中謂無極子作　或問催官之法有謂目講傳之司馬頭陀頭陀傳之冷謙然否曰此尹一句語也頭陀唐末人目講爲陳友諒部將張定邊冷謙明初人時代顛倒一句語類此者頗多昔蔣大鴻以蘇州范墳宜興盧墳註寶照經溫氏續解以爲失言此則更堪發噱　或問劉達僧與司馬頭陀問答若何曰既非

理氣又非巒頭直小兒語耳　或問地理精義合玄空否曰此為山陰杜銓著銓字明川所註靑囊天玉撼龍疑龍以三合解玄空越中言三合者多宗之其書不可為訓　或問羅經透解何如曰此蜀人王道亭著其人並未知三合遑問三元至奇者以卜筮釋羅經硬湊子父財官兄弟謬矣　或問溫氏辨正註若何曰溫註較章氏為勝然於諸訣亦不肯盡洩　朱蕁地理辨正補深中三合之病頭腦未清其說似是而實非　近人吳鏡泉抄集一書名圖書發微可采甚多惜於挨星亦未明瞭　或問地理原本說若何曰此書曹安峯著共四卷尙有見地卷三論理氣因無師承實無一語道著　或問周易究一書人謂於玄空最要然否曰此書嘉善人徐某著末卷附古人諸名墓圖以證易於玄空之學實無所發明　或問江愼修所著河洛精蘊內載地理學說合

理否曰此書以具體論於河洛之理可謂考其源流通其條貫讀之可悟術數之所自得萬法之權輿有裨於學易不淺惟論地理深中葉九升地理大成之弊不足為訓　或問壽望三仰觀集若何曰壽名紹海山陰人所著仰觀集為選擇之用言天象較朱小鶴為切實言挨星亦合壽氏又有觀察金鍼一書予求之多年未獲深以為憾　或問宅斷中有錢韞巖為何人有著述否曰此章仲山弟子錢荊山即校心眼指要者　或問沈六圃地學言山水性情頗有意味不知此外尚有著述否曰地學遠不如周景一山洋指迷不過大言欺人而已此書外尚有選擇一書　或問近讀山洋指迷條理分明切於實用果與地學不同聞周景一曾為舟山吳氏卜塋而地理探原謂目講為舟山吳氏卜宅究竟周與目講是一是二曰周景一為張士誠部曲吳亡後亡命紹興

目講爲陳友諒部將張定邊本宜興儲氏子非一人也　或問陰陽二宅全書若何曰此書爲華亭姚廷鑾所編內有紫白斷卽紫白賦其論紫白飛星吉凶頗可采餘者不脫三合家言　或問餘姚周梅樑先生爲人卜地持通用盤外另持一盤其盤式如壬子癸一卦壬字爲二三四五六七八九一子癸字下爲九一二三四五六七八不知何故答曰昔予客餘姚晤先生於黃徵君蔚亭炳垕家曾以此盤相示陰陽順逆逐一推排往往錯誤予以先生年老僅能告以此盤非玄空的傳而已先生博學深思惜於此學未得門徑所著地理仁孝必讀一書自序遊禹陵上鑪峯遇一道人授以玄空之術云云予於席間讀之見書中引古人書費解者皆删去註天玉經於收山出煞訣亦泛泛讀過註靈城精義不甚可解原書本以凌薆圃天玉經補註端木國瑚地理元文爲

至寶聞予言二書之害毅然棄去亦勇於爲善者也所惜不明挨星且深中朱小鶴之毒未敢直指其謬丙子予居福新山先生過訪出仁孝必讀屬予序力辭之今已行世矣然先生看山洋頗具眼力

胡煦江愼修張惠言紀大奎端木國湖皆精於易胡江二氏雖未著地理專書其所引者皆卑卑不足道張紀與端木皆有著述其書無一句可讀蓋方技之學無書可供參攷未得其訣終日在故書堆中搜求人愈聰明讀蔣大鴻之書愈覺沉悶一入歧途便不可救藥矣

論祕密之謬

或問天機不可洩漏子獨洩漏殆盡何也曰楊公天玉經惟有挨星爲最貴漏洩天機祕一節下有天機安在內安在外云云細繹之此天機實指卦理天運而言蔣註以爲天機祕密不可洩漏此俗儒之見耳

或問如公不守祕密玄空之術大明於世後人按圖立向富貴家得地更易而作威作福者舉世皆是何以弭之答曰得地首在積德若子孫不能積德終遭天譴予生平目擊者有六　一吾鄉王姓二運辛卯年葬一乾山巽地甲午子捷秋闈遂橫行鄉里丁酉年墓爲蛟水冲破次年子入京應試竟客死伊案乾巽二運當旺山上飛星四到巽甲午年上飛星六到巽爲四六合十山上飛星二到乾甲午年上飛星八到乾爲二八合十巽向本一四同宫文加年上飛星與山向合七所以秋捷也　一上虞北鄉某八運扦丑山未穴子孫繁盛富甲一鄉而多行不義至一運末年蔭木爲大風拔去連年喪丁財亦日絀　一杭州西溪某紳二運葬丑山未地旺丁旺財科名亦盛而某紳在任貪酷三運初有人於其來龍葬一穴其家遂敗　一蘇州七子山下某姓二運甲申年葬甲山庚穴城門在未以八入中二到未得城門　一吉葬後補吾省某縣缺喜殺無辜忽墓前大樹爲風拔去某遂革職　一甯

波阿育王寺山附近有楊姓墓巽山乾向二運乙酉年扦財丁兩旺楊某重利盤剝與上海會審委員某相結負債愆期必押追癸巳年終因錢債逼死兩命次年甲午日人犯順當道以該山地當要道駐兵其間墓爲圈入楊某一家是年冬均患喉證死　一嘉興陳善人地乾山巽向八運扦財丁兩旺惟不發科名二運乙酉年里中無賴子習堪輿藉端索詐不遂乃於艮方置一天燈是年其裔孫竟捷秋闈（伊案八運向上飛星四到艮二運乙酉年上飛星一到艮是爲一四同宮）

答蔡燕生太史書　得手書正擬拜覆而曾廉泉自京來述足下謂某對於玄空之法喜於稠人廣坐中津津樂道泄漏天機殊失楊蔣宗旨此後甚望謹守祕密穩口深藏云云某竊以爲足下誤矣夫奧語天玉寶照諸經楊公所謂祕密所謂天機細繹原文是一種授受心法蔣氏之

註乃一孔之見不足爲訓昔林鶴亭謂蔣氏偶獲祕本居奇自炫然行其術未窮其理習其成法未解其變通道未盡明故終身不敢宣其說以問世可謂切中蔣氏一生病根非若紀大奎之肆口謾罵者可比夫蔣氏著辨正冠以青囊經經中固未言守祕密也會序中亦未言守祕密也自姜汝皋註奧語生出無數障礙然得訣者皆以一文不值視之姜氏誤以奧語二字卽作祕密解耳且書中翻天倒地對不同祕密在玄空二句言祕密爲玄空之妙用非言天機須守祕密也天玉首節端的應無差句明白曉暢而蔣註謂祕密寶藏非眞傳正授不能洞悉其妙穿鑿附會一至於此又翻天倒地對不同祕密在玄空二句與奧語同此節對字何等重要而蔣氏並未道破乃以陳陳相因之祕密深藏等語欺人殊失楊公著書救貧之本旨又仙人祕密定陰陽句稍知挨

星者卽能定此陰陽。蔣氏對此句自知不能欺人。故於祕密二字輕輕放過。不敢推波助瀾。豈天良猶未泯耶。又惟有挨星爲最貴泄漏天機祕一節。天機卽天心之謂。天心卽令星入中之謂。楊公明明欲人知此天機。深願泄漏。並非祕密深藏。而蔣氏竟敢妄斷。謂天機祕密不可傳世。但可偶一泄漏。但可二字。不知從何說起。其欺人亦太甚矣。又不說宗支但亂傳。開口莫胡言二句。何謂宗。何謂支。此種應有儘有之字面。蔣氏絕無發明。蓋楊公之意。以爲傳人須先傳宗支。宗支不明。卽不能起父母。能明宗支。乃能起父母。其言何等簡明。自蔣氏註後。反生疑竇矣。又五行位中出一位。仔細祕中記一節。此祕字戒地師用時不可疏忽耳。蔣氏以爲此中有祕。當密密記之。全與本文相反。至世人不識天機祕。洩破有何益一節。楊公蓋以當時邪說橫行。卦理不講已久。彼得邱公眞傳欲傳於世恨無知音一得曾氏引爲知己故致其一唱三歎之意而蔣氏竟註以泄天寶者重違先師之戒其不干造物之怒而自取禍咎者幾希矣都天寶照恐非楊公所著且經後人改竄苦無善本從事校勘其開卷卽云楊公妙訣不多言實實作家傳天下豈有著書之人而自稱公者乎其爲門弟子作明甚實實作家傳言無一語不實非如江湖術士大言以欺人耳又云楊公妙訣無多說因見黃公心性拙一節黃公爲五代朱溫軍師黃妙應係楊公弟子師稱弟爲公更無此理此書爲楊公弟子所作更無疑義楊公因妙應心性之拙故以掌上起星辰之法授之其循循善誘可知更何有謹守祕密之可言哉其中篇則論到山到向上山下水言簡而明其時人不識玄機訣一段恐後人誤解玄機以爲必到山到向然後可用豈知下山上水有時亦可

用特擧空實之龍以明之所謂玄而又玄之法也又玄機妙訣有因由向指山峯細細求一節即解釋八國城門之義又天機妙訣本不同八卦只有一卦通此即天玉乾山乾向水流乾乾峯出狀元之意所謂乾山乾向乾水乾峯其用法即爲天機妙訣也又云筠松寶照眞祕訣父子雖親不肯說此門弟子贊美之詞亦自炫其授受之難而已又俗夫不識天機妙自把山龍錯顚倒一節此言飛星挨星之功用由此觀之楊公及其門弟子之所謂天機者是一種授受心法非言天機不可輕洩也蔣氏不明此理解得恍恍惚惚於是貴省贛州之曾氏豫章之鄧氏福建龔江之鄭氏江蘇無錫之章氏其子姓目爲祕傳藉爲謀衣食之具致學術愈晦陰陽差錯釀成天下亂機某故不惜口舌之勞逢人說法俾趨正路子輿氏有言予豈好辯哉予不得已也苦口婆心思挽

回氣運於萬一並願實者以予法爲法今後莫再言謹守祕密幸甚

蔡太史答書　燕樹吳雲無時聚首悵望故人忽獲賜書喜出望外且得諍友訓迪良多足下存心忠厚求之今人不易多得惟弟仍不能無疑者杜陵非以玄空爲獨得之祕惟傳人不可不慎辨僞原文詳矣特恐傳非其人而江湖之士炫術欺人於是慎之又慎而已今足下不穩緘口深藏執途人而語之但恐僞託者日多使楊公正傳反因之而晦此僕不能無慮者也

再答蔡太史書　執事太過慮矣今之執羅盤者正人少而江湖之士多此輩庸人信之者多如一席之談略知一二不至出卦不犯差錯能知上山下水能知反吟伏吟其餘深奧之說姑且不論此輩如能拳拳服膺爲人塟地總比用三合盤高出萬一無如中毒已深不可救藥以

僕所見稍能自拔者。千人中不過一二而已。若再不言。則楊公眞理晦之又晦。莊子謂日月出而爝火息。世已永夜。能有爝火。尚留一線光明。不較愈於永夜乎。

韓崑源曹秋泉問。在吳門晤仲山後裔。力詆張心言用卦之誤。究竟張氏所舉之法合理否。請詳言之。答曰。凡人不能博學深思。即不能觸類旁通。囿於成見矣。張氏疏中叢說。亦深詆章氏一派。然章張二人。均不克爲好學之士。使彼此溝通。則正道可明。免人誤入歧途。哀哉。今二派不溝通。則玄空一術。必更支離百出矣。且葬法於易一手一足耳。余本不屑爲之。因見葬親事大。乃視爲至要。不敢稍存門戶之見。所言無非一個理字而已矣。雲谷輩嗜好太深。自以爲有家傳祕法。如此天機不可洩漏之妙法。舍我其誰能知之。故人欲勝於天理。爲學永不能長進矣。

至以用卦爲非今之下卦者以一二三四五六七八九等字代九宮皆卦理也章氏一派謂張心言所僞造陋矣自伏羲定先天六十四卦卽有之今之自命爲下卦者而不知先天六十四卦如爲人之子孫不識祖父視若路人等耳彼不知九宮卽八卦八卦卽九宮更進而言之九宮者八卦所自出也其所以有異議者一則未覩乾鑿度不知九宮之本原二則卦名過繁難以記臆三則未明寄宮之說不能挨排所致以上三種惟寄宮爲最難若知寄宮然後卦畫自明一一排列自覺一絲不紊香溪老人爲太鶴山人再傳弟子易學頗深而對此亦茫然無知余告以寄宮出於生成老人乃恍然大悟

論陽宅

陽宅與陰宅異陽宅不獨理氣爲要而光線亦不能不講如都會之區人

烟稠密無非光線而已詩緜之三章曰止曰時築室於時時即天心正運也讀此章知古人於定宅形勢理氣詳矣文王有聲之七章曰考卜維王宅是鎬京此言作邑也公劉七章曰既溥既長既景迺岡相其陰陽觀其流泉溥長即形勢言景即光線言岡即地勢高爽也陰陽即卦理言此章巒頭理氣皆備時人僅採相陰陽觀流泉而未及上二句者尚未合陽宅之眞訣也至定之正中首二兩章亦謂定陽宅之要訣

钱唐沈竹礽更正蒋盘简式

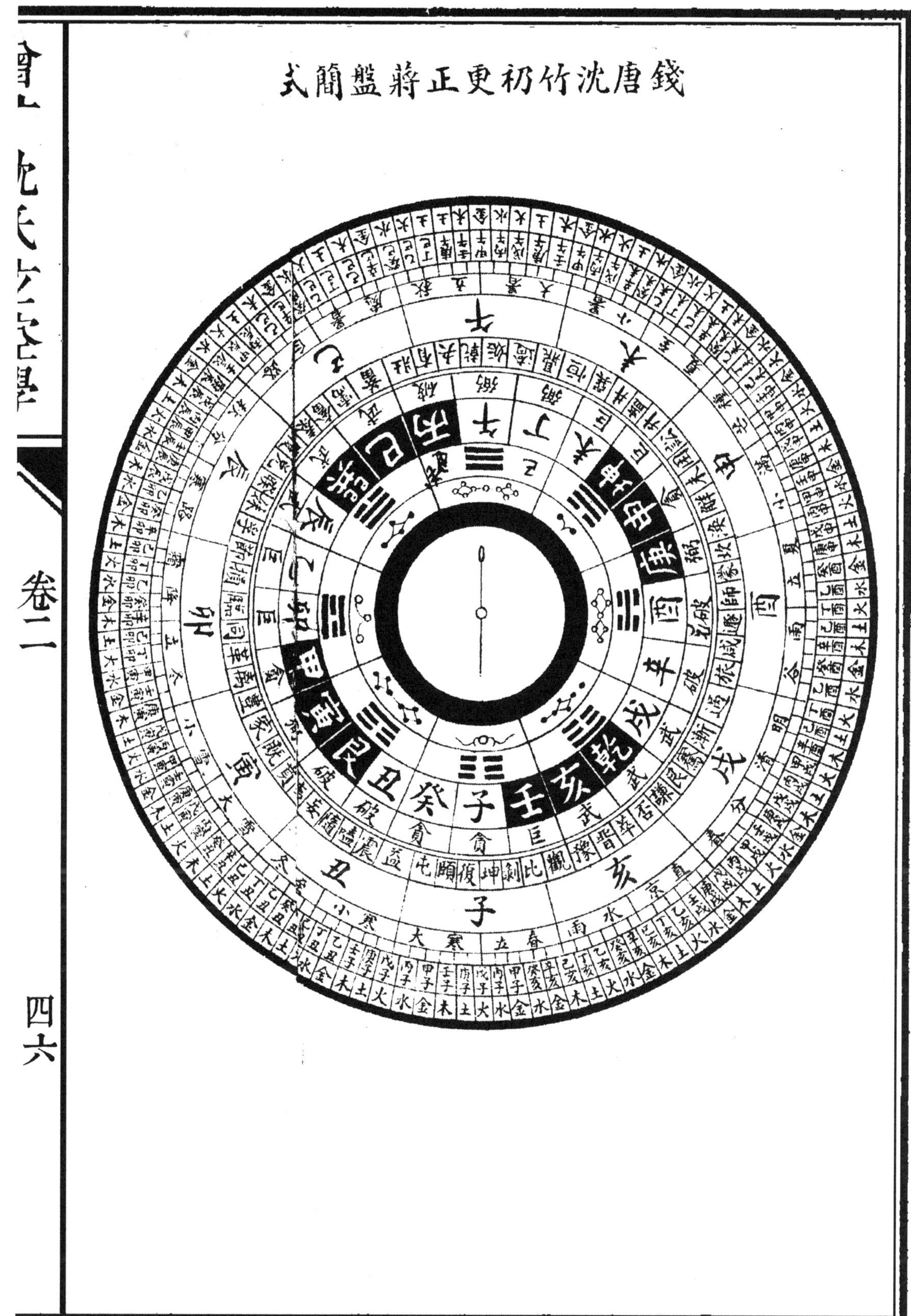

羅盤圖說

一層洛書二層先天八卦三層二十四山四層兼向替卦五層先天六十四卦六層十二次舍七層二十四候八層山向飛星六爻分金九層六十甲子納音分金

卷二 校勘表

地理叢說

頁面	行數	字數	誤	正	增	刪
四上	四	七	稽	嵇		
九上	五	二一	三	二		
十下	三	二五	左	右		
十九上	三	七	救	教		
二一下	五	第二字下			甲	
三一下	八	末	謙	剝		
三一下	九	末	剝	謙		
四二下	十一	第十九字下	下山上水	上山下水		

原序

此書原名陰陽二宅錄驗無錫章仲山甫所著其家視爲至寶不輕示人同治癸酉夏予偕胡伯安至錫以重金向仲山後人假閱竭一日夜之力手錄以歸以其名不雅馴改稱宅斷以便記憶夫地理之道分巒頭理氣五尺童子均知之然巒頭不眞理氣無用所謂皮之不存毛將焉附者也章氏理氣雖佳惜目力未經名山大川所錄者均係勾搭小地予於增註時將其瑣屑者一一刪去於陰宅存五十圖陽宅存十七圖時予寓居上虞從遊子弟多甯紹二郡宅斷所取亦以其地爲多俾學者易於印證也不採著名陵墓者以形勢雖佳而當時卜葬之元運無從稽考故從略云

錢唐沈紹勳記

陰宅祕斷 計五十四條

無錫章仲山原著

錢唐沈竹礽詳註

餘姚後學王則先補闡

常州張姓祖墓　癸山丁向　一運扦

	丁向	水來
五六 九	一二 五	三八 七
四七 八	六五 一	八三 三
九二 四	二九 六	七四 二
水去	癸山	

此局坤水屈曲而來轉巽方

會聚至艮而消

仲山曰此墳葬後長房應發秀次房丁秀大盛財亦旺蓋得輔星成五

吉也問之主人曰前富百萬今僅半百矣

沈註此一六八俱到向上又見水光眞合五星之妙長房發秀而財不旺者蓋六爲乾乾屬長六又爲官星故發秀又爲金生向上坎水謂之生出故財不旺次房丁秀大盛而財亦旺者蓋雙一到向坎爲中男故二房更發也

則先謹按是地坤方地盤二天盤七二七同道也巽方地盤四天盤九四九爲友也天地盤暗合生成澤自遠矣雙星臨向三白水俱到向上又在巽方會聚配合城門財自旺矣然以乾金生坎水之故長房僅主發秀而財不旺此可悟公位不單從八國水神斷而有時與向首生尅有關當互相饒減也

楊姓祖墓　亥山巳向　一運扦

巳向		
一一 九	六五 五	八三 七
九二 八	二九 一	四七 三
五六 四	七四 六	三八 二
		亥山

水　湖

此局大龍從坤來轉庚酉辛直至丑艮寅而去脈從乾方腰落開窩結穴乾方有湖巽方有水呈秀

仲山曰此墳葬後自明迄今科甲連緜富數十萬人丁亦盛蓋天盤地盤合一四同宮天卦地卦亦合一四同宮之妙也

沈註此墳葬於明弘治當一白正運局勢宏敞水光圓朗龍眞穴的地

盤是四而向上天盤到地盤是一地卦是四而山上天盤之一又到更得向首坐下入中之卦皆合十所以自明迄今富貴未艾也

則先謹按是局向首一九共遇合天心十道中宮得一九合坎離水火中天過龍墀移帝座之局雙一臨巽水來呈秀龍穴眞的宜乎財丁貴三者並茂然是地百四十年例當入囚乃云自明迄今富貴未艾者何也意者乾方有湖交八運殆囚不住耶

柳塘橋張姓祖墓　申山寅向　一運扦

申山

八三 九	三八 五	一一 七
九二 八	七四 一	五六 三
四七 四	二九 六	六五 二

水 寅向

此局艮方有大水放光乾兌二方亦有清水映照

仲山曰初年立寅向不利至五六運大旺財丁交七運後丁稀財退蓋運不得令星亦不得令兼有男女淫亂之醜

沈註一白扞此地向上水光反主凶險不利五六運入乾兌二宮之水

是以大旺財丁交七運向星入中指向上飛星之七言星不得令也一白七到向運不得令也向首四七主女淫客星一白到向主男淫　觀此可知旁氣一通亦主四十年財丁學者以此局爲法可也

則先謹按向星入中主丁稀財退向上之水作凶煞論慎勿誤爲當元旺水可知入中不偏重運星向星亦所切忌與旁氣有別

無錫石塘灣孫姓祖墓　子山午向　二運扦

午向

八五 一	三一 六	一三 八
九四 九	七六 二	五八 四
四九 五	二二 七	六七 三

水去

子山　大河　冲背

此局庚酉辛河水大宕。由坤離巽震復從辰方消去。坎方有大河。并有一直瀆。當背冲於穴後。

仲山曰。此墳扦後。已合元運。理當速發。坎方之水。取其特也。但形巒不美。一失元運。即財丁兩退。主人曰。我祖塋此墳時。賣糖度日。塋後本身發有十餘萬，下至數世，猶有五六萬，惟丁則大減。

沈註：葬後大發財丁者，因兩盤旺星到後，坎方有水特大，名曰倒潮，其發最速。天玉經云：吉神先入家豪富。其餘諸水皆收不起，故僅一水得元。然坎方水雖特大，而當背冲來，究屬不美，故一交六運，即大敗也。

則先謹按：坎宮爲當元令星所在，有水特大，所謂冲起樂宮無價寶是也。然犯龍神下水，故主丁氣大減。其餘震巽離坤兌等水皆收不起，無甚裨益。交六運大敗，入囚故也。

上虞鯉魚山錢姓祖墓　辛乙兼酉卯　二運扦

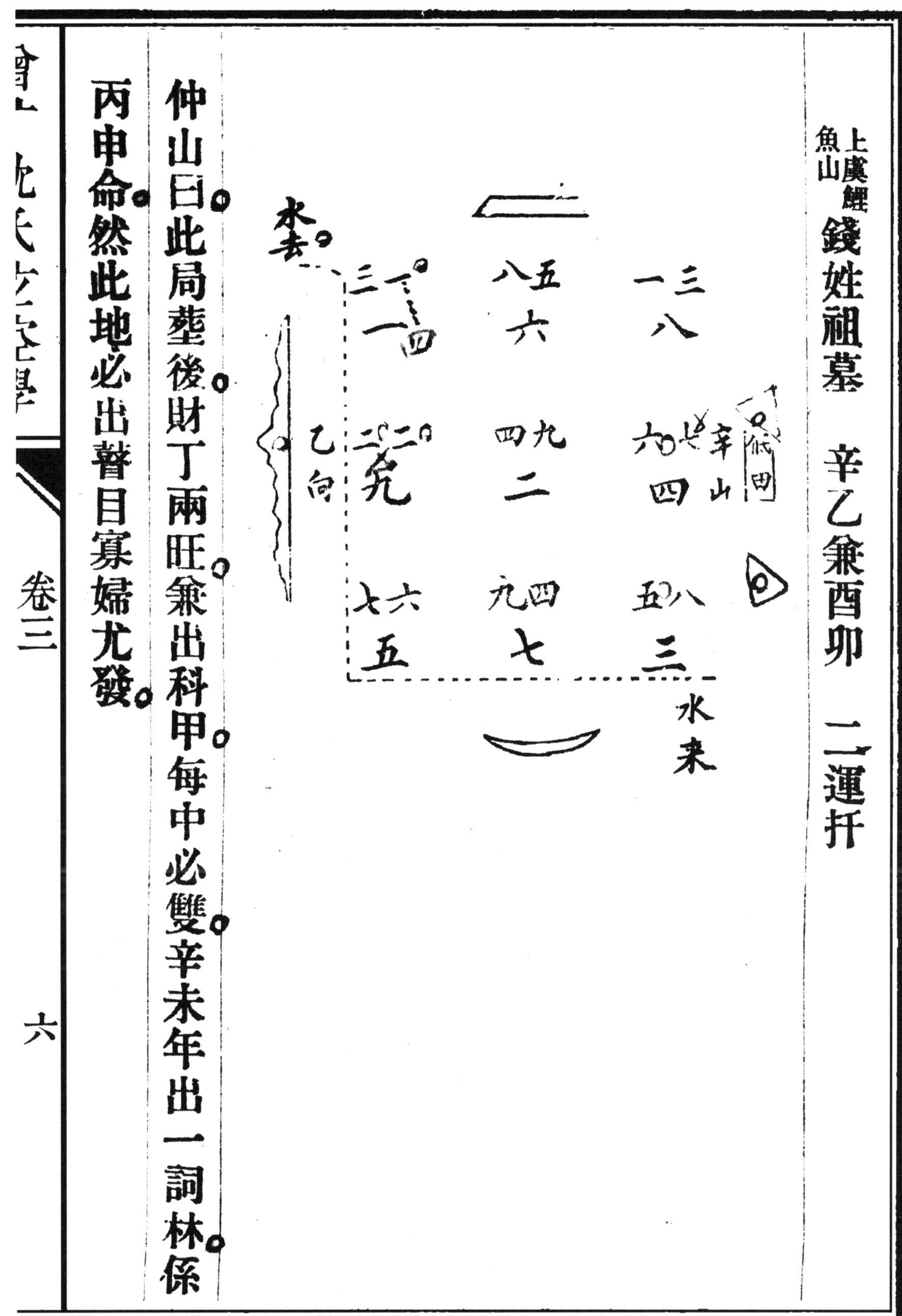

仲山曰：此局葬後財丁兩旺，兼出科甲，每中必雙。辛未年出一詞林，係丙申命。然此地必出瞽目寡婦，尤發。

沈註財丁兩旺雙二到向水外有山也。（山上飛星二到向曰下水本不吉，以水外有山，仍係上山故佳。）五六運內科甲每中必雙者，因兌乾二方飛星是五六，此二方又有山峯，故五六兩運主中雙。巽方消水處，雙一到也，此即城門一訣法。（巽方定位是四，雙一到，為一四同宮，城門即水口也。）丙申命辛未入翰林者，中宮是九二，向上亦是九二，九即丙，二即申，兌辛未年九入中，二到山，所謂太歲臨山。山上是七，七即辛，太歲是二，二即未，二七同宮，即辛未也。向上兩二，太歲弔照，是年九入中，七到向，亦即辛未也。中宮運盤是二七，運七入中，亦辛未也。有此四辛未，故入詞林也。出瞽目寡婦者，向上是二九，二為寡宿，又為土，九為目，土入於目，為地火明夷，故出瞽目寡婦。尤發者，因向上有水也。七運小房必有絕嗣者，因七上山故也。（向上飛星到山是七，為上山，七兌為少房，故絕嗣。上山之凶如此，若有水則無害矣。）九運向星入中，必退財損丁，兼有火災。凡三四到向，定主火災。書云：七九合度，患火惟均。

又云火若尅金兼化木數驚回祿之災即此之謂也（九運運盤九入中七到向向上七九同度九七爲火尅金在乙向爲化木故主火災退財損丁向星入中曰入囚類如此）然科目終不斷因城門地畫八卦是四雙一同到巽得四一同宮之妙也

（則先）謹按此局乃離宮打刦以向上飛星到山之字入中爲囚故交七運小房絕嗣囚實爲之然其地龍眞穴的城門方位又暗合一四同宮之妙故逢太歲吊動雖囚而仍有科甲之應待交九運地運告終客星七到向先後天火數同聚震宮宜乎退財損丁兼遭火患也

上虞某姓祖墓坐乙向辛　二運扦

去

一三 一	五八 六	三一 八
山　二二 九	九四 二	七六 四　向 七
六七 五	四九 七	八五 三

來

仲山曰坎方水來直至坤方消出向上有水甲申旬中丙戌流年葬二黑運主事雙二到山本犯水神上山主損財丁幸後無主峯又喜有水瀦聚以凶化吉葬後平平順利嗣後巳酉丑三肖之局巳命人發富酉

命人發秀交三碧運宮九紫命局一九共遇木火通明長房起家女掌男權定主火災之憂一見便生此災是四九爲友之病一白到山長房添丁次房出酉命人便發財源交四綠運運星入囚防口舌官災兼傷婦女人口家道衰落交五黃運一白天蓬到坎長房有入泮者次房平平寡宿迭見交六白運大敗後無吉運矣

則先謹按巳酉二肖發者從向上之地盤斷也乙山辛向人元龍也順子父母陰陽相同故主巳酉二肖發丑雖三合陰陽殊途故不與也女掌男權者中宮坐山俱爲陰卦故也行震運三碧旺星入中長房添丁己酉年一白入中三碧旺星到向次房亦添丁凡添丁均與旺星加臨有關然入衰運逢旺星到山臨向或值中宮轉有損耗凶禍之咎二宅皆驗此蓋虛不受補之理交四運地運告終家道衰落

傷婦女者。巽爲陰卦故也。向首六七同宮。四運六又臨向。官星重重。故兼主官災口舌。五黃運坎巽兩宮咸合成一四同宮。故有入泮之應。六運大敗。後無吉運者。向星入中。星不得令故也。然是局獨取坐後有瀦聚旺水。否則塟後。便不免顛沛。又安望其順利哉。

孫姓祖墓　壬山丙向　二運扦

丙向

六七 一	二二 六	四九 八
五八 九	七六 二	九四 四（水）
一三 五	三一 七	八五 三

壬山

此局向上無水．兌方有水放光．

仲山曰．此局初年財氣不大．後主因姦破財．

沈註．雙二到向．因向上無水．故財氣不大．兌方兩四一九．名四九爲友．雙四．卽雙巽．巽木尅中宮二土．又尅向上兩二土．兌方水大放光．四九陰神也．故一失運．卽主因姦破財．

則先謹按．是局向上無水．八國惟兌方有大水放光．已呈喧賓奪主之象．兌爲陰神所集．故以姦斷．巽木又尅向首中宮坤土．故復主因姦破財。此玄空活潑潑地之斷法。着眼在八國間。力量特巨。方位與向首中宮生尅並闡。非於此道三折肱者。不易推也。然是地交四運。財氣當利。所謂一水得元。尙未入囚故也。

章姓祖墓　壬山丙向　二運扦

	丙向	
六七 一	二二 六	四九 八
五八 九	七六 二	九四 四
一三 五	三一 七	八五 三
	壬山	

仲山曰。此局塟後。財丁兩旺。然主家主不壽。世出寡婦。及被僧尼耗財。

沈註財丁兩旺者。因旺星到向也。然雙二。加於運盤之六。土重埋金。六爲乾。故主家主不壽。世出寡婦者。二爲寡宿故也。失運時多被僧尼剝削耗財。因二爲尼姑之類也。

則先謹按土本生金。而土重則轉致埋金。可見過猶不及。五行亦以中和爲貴。坤爲老陰寡宿主之。雙二同宮。失元主世出寡婦。相生且然。相尅甯復待言。故陰精叢集。輒爲二宅忌神。

施姓祖墓　酉山卯向　二運扞

低田

石橋				酉山
	三一 一	八五 六	一三 八	
水 卯向	二二 九	四九 二	六七 四	
	七六 五	九四 七	五八 三	

此局墳後低田。兌水遠來。從乾坎艮至震方開宕。巽方有橋水從橋下出。

仲山曰。此墳塟後大發財丁。兼出秀且入泮必雙。然主世出寡婦瞽目。

沈註。大發財丁者。雙二到向。向上有水也。入泮必雙者。城門在巽。雙一到也。一四同宮。本主科甲。因龍力不強。但出秀才。此美中不足耳。世出寡婦瞽目。以向上雙二到九故也。

裴姓祖墓　未山丑向　二運扞

未山

九六 一	四一 六	三八 八
一七 九	八五 二	六三 四
五二 五	三九 七	七四 三

向丑

水

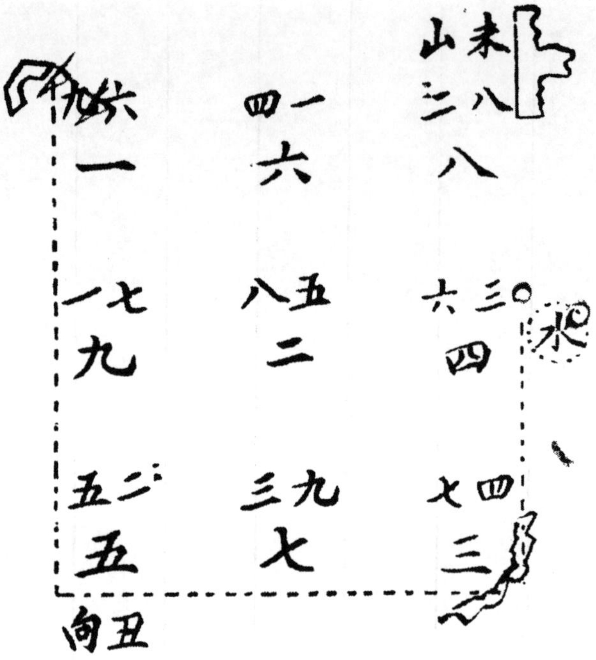

此局坤方有城樓兌方有河開洋由乾坎艮至巽方石橋下消去

仲山曰葬後長子因姦傷足次子先充兵丁而後致富悉應

沈註此局旺星到山到向本無不利長子因姦傷足者因辰方有石橋高擎向上飛星之六到巽六爲長子山上之九又到九爲中女老父中

女配非正耦。故主姦淫。乾方有水。運盤之三到乾。山上之七又到乾。爲兌金折震足之象。次子充兵丁而致富者。兌方開洋。以聯珠法推之。向上之三到兌。爲進神水。山上之六亦到兌。六爲武人。所以先充兵丁。而後致富也。兌爲少女、故應少房、三到兌、爲進神水者、與兌七爲合十也、

則先謹按此由巽乾兩方合闈而斷。長子因姦傷足。巽有石橋。乾有曲水。故以活法合推取驗。然兌方三六四同宮。充兵致富者。何以不屬長男而爲次子。豈因巽方石橋高聳之故。長已受煞。故遞推及次耶。或曰。二臨山向。故主二房。若謂地元龍主次子發。此鄙俚之談。究未敢輕信。

錦棚橋陸姓祖墓　酉山卯向　二運扦

卯向		酉山
△ 水 三一 一	八五 六	△ 水 一二 八
二二 九	四九 二	六七 四
▽ 水 七六 五	九四 七	▽ 水 五八 三

此地乾坤艮巽四維有水放光

水外皆有秀峯如文筆

仲山曰：此墳扦後大發財丁，兼出名儒。交五運末，損丁八九人。主人曰：何知之詳？答曰：此由艮方之水塡實故也。

沈註：乾坤艮巽方有水，爲四庫齊開，又爲四水朝陽，本三元不替之局。況水外四方皆有山，且秀如文筆，其力尤大，而又雙二到向，旺星照穴，所以大發財源，兼出名儒。惜五運艮方塡實，所以斷五運末傷丁八九人者，以五運後十年已逼六氣，艮方六到塡實處，名曰水裏龍神上山。

安得不損人丁乎坤二爲文書雙二臨於向首故出名儒也

則先謹按是局艮方之水到五運末爲未來之氣生氣涵泳豈可斵喪二爲文書本主巨儒今因艮水塡實之故既破四庫之局復犯上山之咎向上雙二變爲寡宿龍力既強損丁自多故斷八九人耳

狀元錢茶山祖墓　丑山未向　二運扦

六九 一	一四 六	八二 八
七一 九	五八 二	三六 四
二五 五	九三 七	四七 三

向未　水　丑山

此地左右兩山環抱坤峯高遠秀麗可愛坤未方有大湖離方水圓如鏡近在穴旁

仲山曰此清貴之地庚子丙子生人應發科甲茶山卽庚子生有丙子生人少年登科不壽

沈註兩山環抱朝山秀拔左離水前大湖此局齊整極矣故主清貴庚子丙子生人發科甲者從離方之水斷之也離水圓亮如鏡近在穴旁

卽是城門一訣。蓋天玉。以水之照穴。有情處。爲城門。况又四一同宮。安得不發科甲。庚子丙子生人者。山上飛星之一到離。一中有子故也。然庚子分金爲正。丙子已偏。故少年登科而殀。觀此可悟定生肖之訣。

離上城門。挨星是六。六爲戌。陰入中逆飛。二到離。爲旺。此卽城門一吉也。又離上挨星是六。飛星是一。六爲金。一爲水。故爲庚子。若九一爲丙子。挨在巽位。視離方城門爲偏也。

則先謹按。陰宅之發貴與否。當察峯巒之秀態。城門之合法。猶須視龍力強弱。爲饒減。苟以城門發貴者。卽以城門對宮之分金。爲推考生肖之繩。則是局庚子丙子。卽其例也。

鮑姓祖墓　辛山乙向　三運扦

	六二 二	一六 七	八四 九	
水 乙向	七三 一	五一 三	三八 五	辛山 水
	二七 六	九五 八	四九 四	

此地兌卯二方有水。艮方高墩。墩外有一峯高聳。卯方向上之水映照。坐後兌方之水暗拱。

仲山曰。此墳隨葬隨發財旺而丁不旺。一交七運二房官訟不止。且房房損女丁。蓋兌爲少女。爲口舌也。

沈註。隨葬隨發者。旺星到向。且有水也。丁不旺者。山上旺星臨水。故也。七運傷女丁者。艮方是七。不但無水。反見高墩高峯。名曰上山。故主傷女丁也。二房官訟不止者。二臨艮位。故主二房。六臨艮位。故主官訟。七兌爲口舌。爲少女。甲子年。太歲是七。七入中。則官訟坐中央矣。一到艮方。金生水出。故主官訟破財也。丁卯年太歲是四。四入中。七到艮。七赤重逢七赤。故主口舌。傷女丁也。

則先謹按交七運。向首犯山上龍神下水。亦爲傷女丁之徵。

錢唐魯斯占祖墓　丙山壬向　三運扦

六九 二	水 丙山 二四 七	四二 九
水 五一 一	七八 三	九六 五 水
一五 六	三二 八 壬向 水	八七 四

此穴平地開窩甲庚壬丙四方均有水亮

主人先曰此地出神童仲山曰地局甲庚壬丙之方水開宕有光天卦辰戌丑未四支加臨於甲庚壬丙四干上言出神童非誑言也運盤山上挨星是七為庚向上挨星是八為丑山上飛星二到山為未三到向為甲九到庚為丙七入中為庚向上飛星三到向為甲四到山為辰六到庚為戌一到甲為壬故曰辰戌丑未四支加臨於甲庚壬丙四干之上也

沈註寶照云甲庚壬丙最為榮下後兒孫出神童又云穴要窩鉗脈到宮此地平洋開窩又得甲庚壬丙水亮合寶照之法况天卦向得旺向

爻丑甲俱到、山上庚未辰俱到。震方壬甲到、兌方戊丙庚俱到、一氣清
純。出神童何疑乎。

某姓祖墓　巳山亥向　三運扦

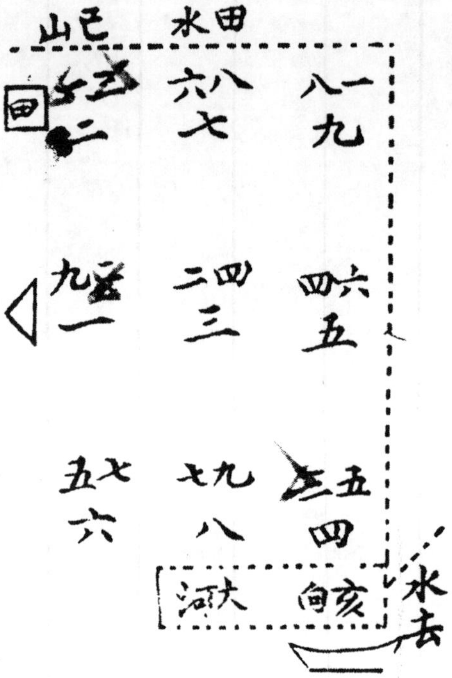

巳山　田水

八一　六八　四五
九　　七　　二

四六　二四　九二
五　　三　　一

五三　七九　五七
四　　八　　六

亥向　大河　水去

此地甲卯來龍。轉巽巳入首。後明堂田水從兌方到向。壬子癸方。有大河來穴前開宕。從戌乾消出。下砂環抱有情。唇下有缺。卯方一峯秀拔。朝山土屏開面。

仲山曰。此局上山水。葬後大房平平。二房少丁。因震方有山。二房居於震位故也。山上飛星三到向曰下水。向上飛星三到山曰上山。三爲震故屬長房。一爲坎爲中男。挨震九爲離爲中男。飛震有山無水。故二房少丁。

則先謹按此局。星辰顚倒。葬後大房猶能平平者。以水神雖犯上山。而後無主峯。且遇田水。故也。然山上之一。不免下水。震方中男。又遭老母之尅。俱爲二房少丁之徵。

前墓於六運。照原向改葬。明圖於後。

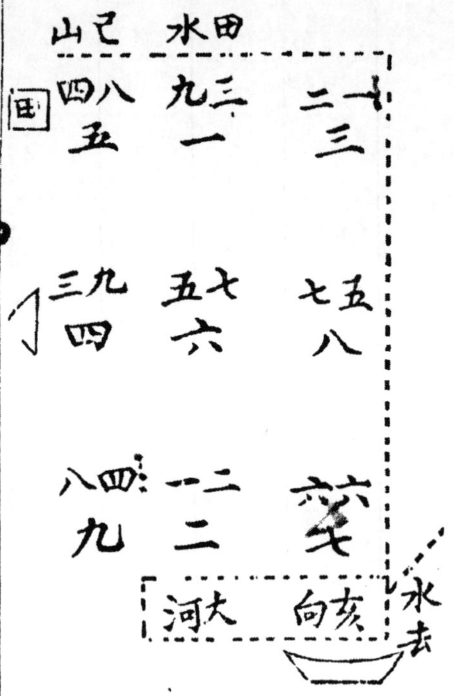

巳山　田水

四八 五	九三 一	二一 三
三九 四	五七 六	七五 八
八四 九	一二 二	六六 七

大河　亥向　水去

沈註。葬後大旺財丁。因兩盤旺星雙六到向故也。但向上運星是七。旺星是六。七為口舌。六為官事。故主多訟。唇下有缺。故出無唇之人。交七運。財丁兩退。因向星入囚故也。惟功名反能開科。秀才生貢不一。其人此因艮方是四。七運運星飛艮是一。坤方是一。七運飛坤是四。兩處得四一同宮。故發科名也。至八運則平平矣。

則先謹按六運巳亥。雖兩盤旺星到向。究犯全盤伏吟。不宜輕舉。是地辛穴前開宕。其氣乃空。故得以凶化吉。然地運甚短。一交八運。卽行入囚。蓋向上飛星到山之字爲八故也。

經姓祖墓　巳山亥向　三運扦

巳山 一三 二	六八 七	八一 九
九二 一	二四 三	四六 五 水
五七 六	七九 八	三五 四

法　小河　亥向

龍從巽巳方入首。白虎砂掬抱。有情有力。走龍略宕。兌有水放光。坎方有小河橫過。艮方有小山塞水口。

仲山曰。此局三運葬後。大房不利。餘房平平。

沈註。大房不利者。因震卦上山下水故也。震爲長男。五六兩運。二房發財丁者。取兌方之水故也。兌方本六。應主長房。今發二房者。以此時長房已絕也。至七運。多官訟者。艮方七六同宮。又有山故也。故至七八兩運。財氣大減。至九運。又當起色。因坎方是九。又有水映照也。

則先謹按。是局四運。向星入囚。地運告終。惟廉貞居於向首。至大至尊。非他星堪比。又得橫過水映照。故交五運得收財丁兩發之效。而免向星入中之病。六運旁水得令。兌方之六。又逢客星八白加臨。土來生金。故龍眞穴的。囚後亦主中興。然入囚以後。發而不全。則體用又不可偏廢也。或云五臨向首。有水當作囚不住論。

前墓於四運建碑修理明圖於後

巳山

四四 三	八九 八	六二 一
五三 二	三五 四	一七 六
九八 七	七一 九	二六 五

水　小河　去　亥向

沈云此地於四運照原向建碑後二房於六運大發財丁長房大敗此因向上飛星之四到山四即巽巽爲長且六白又飛到乾犯伏吟故主敗二房於六運發財丁者因上山飛星二到向與六白同宮故主發七運財氣亦好因兑方有水七運多官訟因兑方六七同宮六爲官事七爲口舌也二房獨發者因兑方之水是七七爲少也八運平平者艮方

有山故也。此地本山顛水倒。主不吉而能發者。因龍眞穴的。四運建碑之後。龍得旺龍。又向上飛星。到山到向四六合十故也

則先謹按。祕笈中。載有玄空五行眞訣一歌。其略云。向得令星吉水照。丁財並茂日興隆。脫運之星名煞曜。未交之宿不堪用。反吟伏吟須得令。一脫元時禍及躬。閒嘗以謂八國間犯反伏吟在所難免。而要以山向兩宮。犯伏吟者。爲所當忌。蓋雖星運得令。空實合法。而公位究不免偏枯故也。是墓於四運建碑後。巽四乾六俱犯伏吟。主長房大敗。卽其證也。未交之宿。不堪用於向首者。其故由於運到星囚。迨交旺運。厥星卽隨之入中。若運星入囚。然凡星辰入中。如黃楊厄閏。有凶無吉。故脫運之星。固不宜再居於向首。而未交之宿亦以先見爲忌。此與旁水得令。貌似神非。吉凶不同斷也。然則 沈公云。二

房於六運大發財丁者何也以囚不住故也。緣向星五黃入中。爲皇極居臨正位。至大至尊。何囚之有。向首堅金遇土。明水相對。又得逢囚不囚。自然運到便興。七臨兌宮。雖犯伏吟。有水不忌。當運反吉。所謂反吟伏吟。須得令者。此之謂耳。

嵇中堂祖墓　子午兼壬丙　三運扦

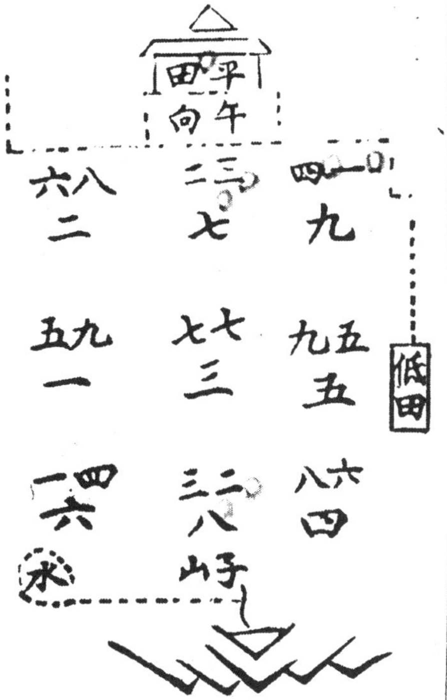

午向
平田

六八 二	二三 七	四一 九
五九 一	七七 三	九五 五
一四 六	三二 八	八六 四

低田
子山
水

乾亥來龍。轉坎入首。艮方有蕩。坤方有水。曲至離方大開洋。至巽方消出。兌方低田。結穴亦低田。

仲山曰。卯山卯向卯源水。合江西全局。初扦時必不能發。六運大發富貴。

沈註。此局向上旺星到向。山上用變卦七入中。順行旺星到山。三即卯。所謂卯山卯向卯源水者。離方開大洋故也。兌運與向合十為最吉。又艮坤方為一四。俱有水光照穴。安得不大發富貴耶。初扦時不發。必至六運大發者。蓋江西卦爲地元。地元兼收貪狼。不當正運。傍他涵蓄力不專。故遲也。六運客星貪狼到向。水能生木。自然富貴驟興。非若他宮一卦乘時。催官暫發者之比矣。

則先謹按。是局背山面水。龍向水各得三碧旺神。故云卯山卯向卯源水。合江西卦全局。蓋江西卦起於東。論卦屬震。其數卽爲三也。明此。則天玉經所謂。乾山乾向水朝乾。午山午向午來堂。坤山坤向水坤流。三局從可知矣。父母爲卦之中氣。運與向全盤合十。受氣自迋緩而悠遠。且局勢宏大者。發亦較遲。故必待向首一星得生旺之扶助。客星貪狼加臨。水來生木。然後富貴勃興。此非勾搭小地。一卦乘時催官暫發者。所可等量齊觀耳。

嚴探花祖墓　辰山戌向　三運扦

辰山	大湖	
三五 二	七九 七	五七 九
四六 一	二四 三	九二 五
八一 六	六八 八	一三 四
		戌向

地由艮方高山雙峯落脈。出唇十餘丈。左右砂緊緊環抱。卯方水貼近巽離坤三方大湖。湖外有山。乾方有峯秀美挺拔。惟峯尖稍歪。

主人曰。葬此墳時。地師云。可惜狀元峯不正。他年必中探花。郎仲山曰。此地師之託詞耳。其實探花不關峯之歪。由挨星一四同宮稍涉偏歪之故。主人問挨星何以偏斜。仲山笑而不答。

沈註。一四挨星偏斜。以運星之四到向。又以山上之一到向。不能以向上之一到向故也。

則先謹按三運辰戌固旺。而此局偏坐後有水。向上有山。理氣與形局相背馳。初年未必即利。且地運最短。然他年必中探花郎者。以其地龍眞穴的。朝山挺秀。向上又得一四同宮。故運縱短。卒能依然發貴耳。

唐姓祖墓　甲山庚向　四運扦

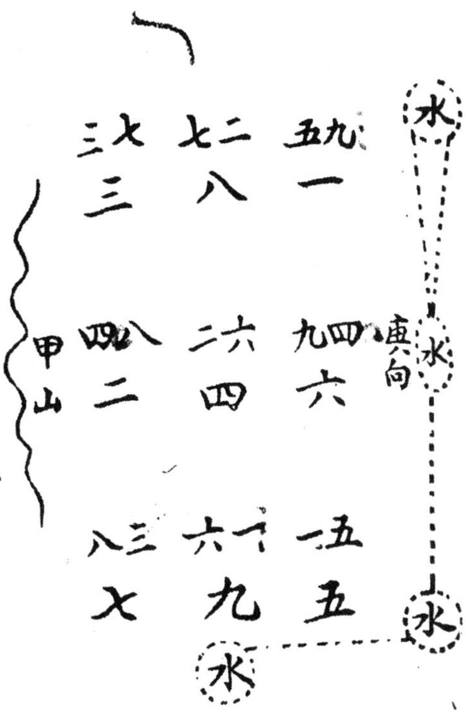

三七 三	七二 八	五九 一
四八 二	二六 四	九四 六
八三 七	六一 九	一五 五

甲山　庚向　水　水　水　水

巽方大龍。從震艮而去。寅甲方落脈結穴。左右兩砂環抱。內堂壬水聚蓄如鏡。亥方停貯。戌乾方開洋。辛酉狹細。庚申方又開洋。仍從坤申。轉至庚酉辛方。又開洋。再轉至未坤申方。出大河又開洋如鏡放光。

仲山曰。此地齊整極矣。又於開洋處。合得天卦旺神。豈有不大發財富乎。有言內堂壬水。主發科甲。財不到百萬不止者。不知功名以坐山定。以城門定。此地富有餘而貴次之。科甲之說。乃胡猜也。此地水流屈曲歸庫。又得開洋放光之妙。且水到水。山到山。故主大富。惜乎地運太短。一交六運。向星入中。退財傷丁。至九一兩運。又當起色。蓋九一兩方有水故也。

則先謹按是地。從寅甲方落脈結穴。所謂龍行出卦無官貴。運星廉貞挨乾。若水在戌方停貯。則同元一氣。亦猶城門。今停貯在亥戌乾方開洋。其氣未免不純。又向上飛星之一到乾。暗合生成。亦為城門變格。今乾方之一係山星。而非水神。坐山城門兩無足述。故仲山以科甲之說為胡猜云。

唐姓祖墓　申山寅向　四運扦

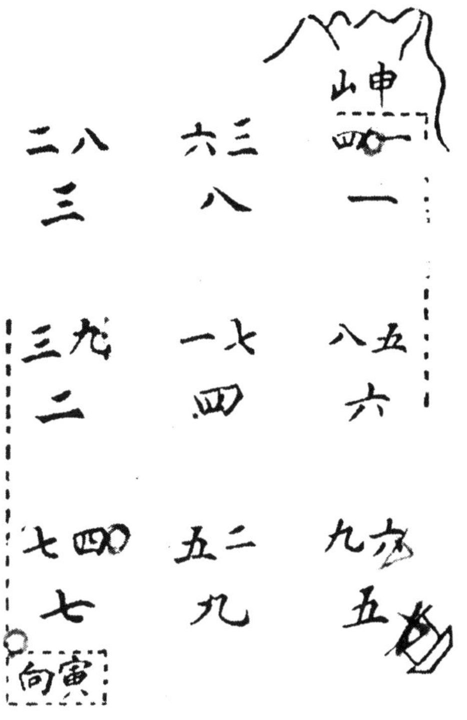

申山

二八	六三	四一
三	八	一
三九	一七	八五
二	四	六
七四	五二	九六
七	九	五

寅向

龍從離方來。由坤入首。坤兌方有河。乾方有高屋。艮方有大河。水光照面。從震方消去。

仲山曰。此俗所謂寅葬卯發地。六十年財丁兩旺之局也。一交下元。主傷少年。兼多血證。財亦大退矣。主人曰。所言不謬。但地有三房。公位若何。仲山曰。長房財丁均少。葬時已然。至今不過如是。次小兩房大減色矣。主人問故。仲山曰。此理難言。可顯見者。西北方有高屋也。

沈註寅葬卯發者。旺山旺向。且向上有大河放光照面。故主速發也。一交七運傷丁退財。兼患血證者。因向星入囚。且中宮是七。一同宮。七運運星到向。亦是一。向上一盤是七。亦七一同宮。七爲少。一爲血。向上大水。卽變爲血。故主傷丁退財。兼患血證也。長房不發者。因乾方本位是六。飛星到乾亦是六。已犯伏吟。又高屋逼壓。故長房不能發也。不敗者何也。因向上旺星是四。山上旺星亦是四。四卽巽。巽主長。故長房亦不爲敗也。向上所臨是七。出水方所臨是九。七爲少。九爲仲。故主次少兩房發。七運入囚。故兩房敗矣。

則先謹按。四綠旺星到山到向。巽屬長。主長房吉。六犯伏吟。兼被屋壓。乾亦屬長。主長房凶。吉凶相抵。故長房不發亦不敗。此可悟公位吉凶。當從八國飛星互相加減之理。

馮姓祖墓　未山丑向　四運扦

		未山
九六 三	五二 八	七四 一
八五 二	一七 四	三九 六
四一 七	六三 九	二八 五
	丑向	

水　去　來

此地乾方有橋。水從橋口來。橫過壬子癸。至丑艮寅三叉而出。甲卯乙有大河。亦至丑艮寅方。合三叉消出。巽方有一高峯。

仲山曰。此墳葬後。初年不利。五運大發財丁。六運官訟不休大敗。七運不可救矣。

沈註初年不利者。因旺星到後故也。五運大發財丁者。因震方大河。五到震也。六運大敗官訟不休者。因巽方是六。閉塞不通。且官星高聳。故主官禍至。七運入囚。故不可救藥矣。

先刪謹按三般卦。卦氣鎔治貫通。逢凶化吉。福祿永貞。雖犯上山下水。並反伏吟。均所不忌。是局形氣相背太甚。龍神下水。適在三叉聚消。滂薄開陽之處。故雖合三般。初年亦主不利。若僅係細流映對。無甚礙也。於此可悟用三般卦。而欲求初年順利者。當以無明水照面之形局爲最合。然此三般。非經四位起父母之三般。愼勿誤解。

施姓祖墓　酉山卯向　四運扦

卯向			酉山
	五一 三	六 八	二八 一
	四九 五	六五 四	八四 六
	九三 七	二七 九	七三 五

此地墳後低田。兌方遠水。從兌至乾坎艮震。至巽巳橋下消出。墳前有池。甲卯方有水放光。

仲山曰。此地山巔水倒。主不吉。因龍爲旺龍。又中宮坐山均合十。故發財丁。惟寡婦代不能免。五七運好。六運平。水出巽主發秀。

沈註。旺龍者。酉山運星是六。地盤是七。名比和。故旺。向星到後。有低田遠水。又得中宮四六合十。山上四六合十。故葬後大發財丁也。向上運星是二一。中宮亦是二一。二坤爲寡宿。故代出寡婦三四人。惟此地旁氣甚通。發必久遠。旺星到艮是五。乾方亦是五。均有水。故五運佳。六運平平者。六到午無水故也。坎方是七。而有水。故七運又佳。巽方一到。地盤是四。一四同宮。故秀才不斷。惜有橋相冲。不然出科甲無疑矣。

則先謹按此局。本犯水神上山。今坟後爲低田遠水。則水神仍得其所。此龍空氣不空作法也。可見理氣之效用。端在與形巒相配合。然坟前有池。究犯下水。且陰神叢集於向首。亦爲識者所忌。

錢姓祖墓　丁山癸向　四運扦

七一 三	三五 八（丁山）	五三 一
六二 二	八九 四	一七 六
二六 七	四四 九（癸向）	九八 五

此地甲卯乙方有水放光

仲山曰此墳葬後漸漸起色至六運出醫生大興家業七八運平九運主敗且家門不潔

沈註葬後起色者甲卯乙方有水故也六運出醫生起家者因山上飛星六到震震方有水故大發兩盤二黑到震故主醫生發家也七八運平者向上飛星七到兌八到乾兩宮無水故也九運向星入囚故主敗向上四九爲友（四九爲陰神）九運運星五黃到向故主家門不潔

則先謹按山上飛星六到震。交六運竟以醫道興家。此由平洋立穴。四面坦然。八國間獨有震水貼身。一卦清純。權力特勝。足以左右全局故也。又得二六同宮。土金相生之力。玄空祕旨云。富兼陶朱。斷是堅金遇土。故興家業。此山星斷運之活法也。

談姓祖墓　壬山丙向　四運扦

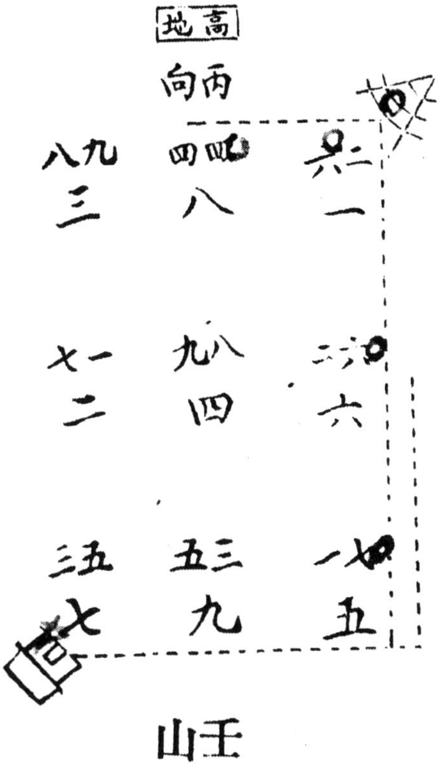

高地

丙向

八九 三	四四 八	六二 一
七一 二	九八 四	二六 六
三五 七	五三 九	一七 五

壬山

此地未方有塔。坤申小水。兌乾略大而聚。至坎至艮而消。離方有高地。艮方有屋。

仲山曰。此地四房齊發。一無偏枯。惟長房丁氣稍薄。主人曰。丁氣不薄。特多損少年。

沈註。四房齊發者。孟仲叔季卦理各得也。惟未方之塔。山上飛星是六到。六爲乾屬長。艮方之屋。山上飛星是三到。三爲震。亦屬長。（山上飛星四到向。曰下水。四爲巽亦屬長故應長房損少年者。艮方地盤是七。七爲少女。有屋故損少年也。

則先謹按四房齊發者。水裏排龍。挨得七六五四之水。故云孟仲叔季卦理各得也。

鄭姓祖墓　乙山辛向　四運扦

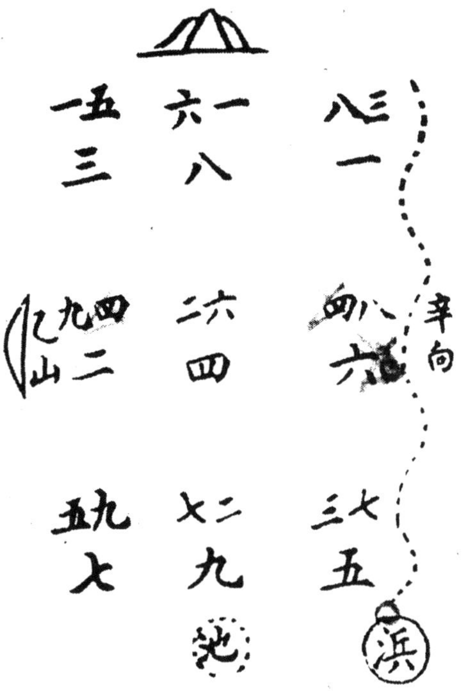

一五 三	六一 八	八三 一
九四 二　乙山	二六 四	四八 六　辛向
五九 七	七二 九 池	三七 五 浜

此地卯方大墩。乾方蘆蕩水。從兌坤屈曲而消。亥方有瀆。坎方有池。離方有遠山。

仲山曰。此墳葬後。損丁出寡。交五運。財氣大利。六白卽退。現行兌運。丁口可虞。主人曰。甲子乙丑運。傷三男二女。仲山曰。以後還恐有損。當於乾方栽竹掩之。

沈註此局以四入中。六到向。向不得時。作衰向論。二上山。主出寡。四入中主損丁。惟乾方之蘆蕩水有五到。故一交五運。財氣大利。所謂他處有水光切近者。較向尤重也。一交六白。即敗者。六金尅巽木。再以客星八到向。安得不退財。行兌運。乾方之五。去已久者。爲死。是以損丁。甲子太歲七入中。乙丑太歲六入中。尅中宮巽木。傷三男二女宜矣。仲山云栽竹者。蓋欲蔽七五之煞氣也。

則先謹按。交五運。財氣大利。係從天盤斷運。緣廉貞饒有戊己運化之力故也。六運入囚。既尅中宮巽木。又犯全盤伏吟。行兌運。乾方本屬旺水。無奈地運既終。衰氣來襲。且三七五凶星同聚一宮。化旺爲煞。宜乎甲子乙丑七六入中。連傷數丁。且坎方有池。七運丁星下水。亦可顯見。

青城橋徐姓墓　乙山辛向　四運扦

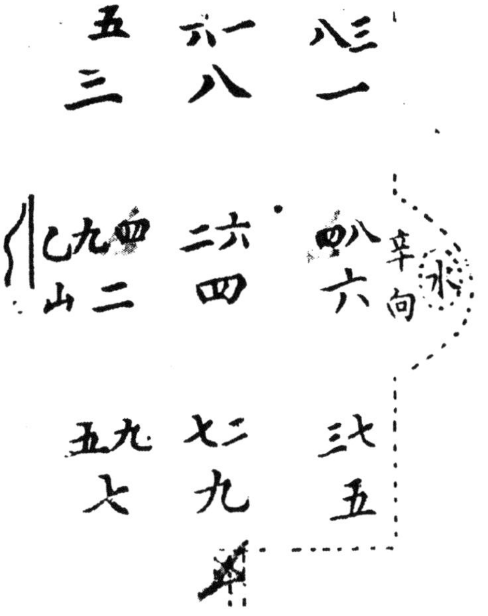

乙山				辛向 水
	五 三	六一 八	八三 一	
	九四 二	二六 四	四八 六	
	五九 七	七二 九	三七 五	

此地辰山轉甲入首。巽巳界水。兌方內明堂有水。戌乾亥大水。子癸大河直長冲腰。外堂兌乾兩方大水。

仲山曰。此墳扦後。財丁兩少。且長房多出孤寡悉驗。

沈註此局犯上山下水。自然少丁財。巽氣失令。長房自然多孤寡。別處贋本有作五運排者。如果五運到山到向。財旺而丁亦旺。何謬云山臨五黃主丁少也。且坎方直河冲腰。四運中是二。坤為寡宿。亦為長房四運木尅土尤爲確當。或云世世不斷寡婦。有補救法否。曰乙山辛向。三五七運當旺。一交旺運。可於原向建碑。自然丁財兩旺。且免孤寡之患矣。此本爲嘉慶十八年。仲山所手定。固眞本也。

則先謹按山管人丁。水管財源。爲玄空祕斷。唯一簡訣。同一地也。同一向也。在四運犯上山下水。五運則到山到向。珠寶火坑。因運變易。則隨時而在之陰陽尙已。

黃姓祖墓　癸山丁向　四運扦

	低田 丁向	
一七 三	五三 八	三五 一
二六 二	九八 四	七一 六
六二 七	四四 九	八九 五
	癸山 高田	

此地坎方高田落脈面前低田兌方有直水來

仲山曰扦後十餘年財丁不利長房尤甚且犯血證一交七運有服毒身死之人

沈註此局四綠上山長房不利兌方七一同到直水冲腰血證不免且兌方運星六白水上一白山上七赤七運九到兌并將山上四綠帶來木生火火尅金金爲石即服砒霜之類書云我尅彼而竟遭其辱因財帛以傷身四九尅六金是以服毒身死也

則先謹按祕旨云相生而有相淩之害。後天之金水交併。是墓兌方

六七一同宮。而實際形巒。又犯直水沖腰之忌。形氣惡化。已如機張

審刮。一遇客星淩鑠。自有服毒身死之應。

趙姓祖墓　壬山丙向　四運扦

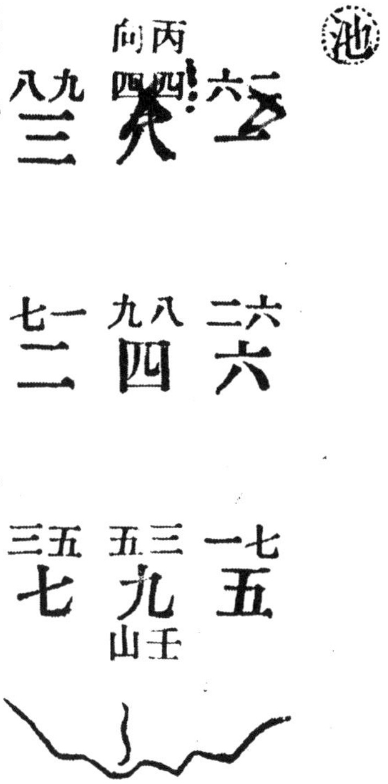

池

八九 三	丙向 四四 八	六二 五
七一 二	九八 四	二六 六
三五 七	五三 九 壬山	一七 五

此地龍從乾轉坎入首。左右兩砂環抱有情。龍氣穴前不見水。惟坤上有池圓亮放光。

仲山曰。扦後出老寡婦。交八運應有書腐小兒。

沈註此墳向上無明水。雖有旺星。不過平平。況坤上有池。天卦二尅地卦一。坤爲寡宿爲老母。故出老寡也。八運運星入中。本不利。四爲文曲。八爲少男。以文曲木。尅八白土。故出書腐小兒。此從向首斷也。

則先

謹按是墓。八國獨坤方有水放光。故推斷以坤方著眼。取其特也。然坤方天盤上下交尅。故主老寡之應。不然二六相生。名爲堅金

遇土。坤水一卦清純。當以富斷。明此可悟論衰旺生尅。當治飛星運

盤於一爐。而尤當著眼於特也。

蔡姓祖墓　庚山甲向　五運扞

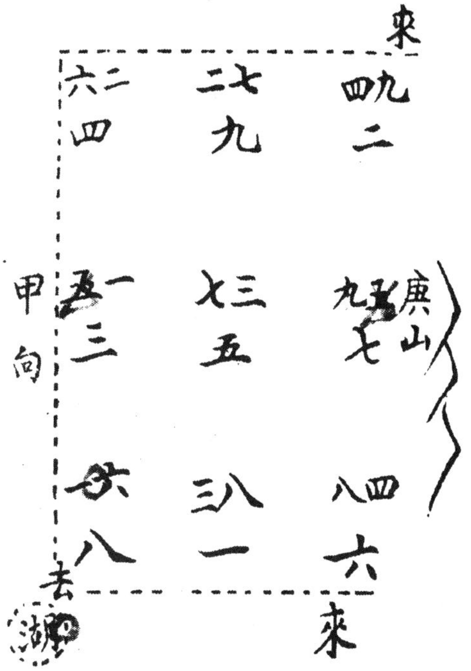

來

甲向			庚山
	六二 四	二七 九	四九 二
	五一 三	七三 五	九五 七
	一六 八	三八 一	八四 六

去湖　來

此地戌乾來龍轉庚入首。未午巽卯四方皆有水。消於艮方五里湖而出。坎方亦有水。亦消於五里湖。

仲山曰。此一白龍配六白水。財貴兩全之地。然初扞不利。退財損丁。交六運財漸旺。主人曰。財丁不知其詳。惟蔡培於戊辰己巳連捷發貴。無疑矣。

沈註。此地上山下水。如何云財貴兩全。蓋獨取五里湖爲城門。運盤挨星八到艮入中逆飛五到艮是爲城門一吉艮方山上飛星是一到爲一白龍向上飛星是六到爲六白水所以主財貴也七運客星七入中一到艮戊辰年年星三碧入中四到乾六到艮一到向是一白重逢一白六白重逢六白己巳年太歲二入中四到山一到巽九到向故主連捷也按山向爲四九爲友、巽方爲四一同宮。

前墓六運附葬明圖於後

甲向			庚山
	九五 五	四九 一	二七 三
	一六 四	八四 六	六二 八
	五一 九	三八 二	七三 七

仲山曰。六運附葬後。大發財丁。兼出科甲。

沈註改葬後大發財丁者。所謂旺山旺向也。六白龍配一白水者。因龍從戌乾來。戌乾乃地盤之六。坐山乃旺星之六。皆爲六白龍。五里湖放光。是一。卽爲一白水。故云六白龍配一白水。主科甲也。行兌運。一白挨到五里湖。奎星加於水口。戊辰己巳連捷者。戊辰年。年星三入中。四到乾。太歲加於來龍。六到艮。一到震。奎星加於向上。艮震兩方。會成一六同宮八月月白七入中一到艮爲湖是奎星又加於水口故中所中之人必壬戌或甲午命因龍從戌乾來戌爲犬乾爲馬也己巳年坐太歲是四吊照中宮之四年星二入中四到山所謂太歲臨山三月月白九入中一到乾奎星又加於來龍故連捷也

則先謹按是地龍眞穴的艮方湖水圓亮以星氣論四運扦卜爲一白龍配六白水六運附葬爲六白龍配一白水均主財貴無疑不過初扦犯上山下水定主不利附塟合到山到向自能一帆風順而已

某姓墓　乙山辛向　五運扦

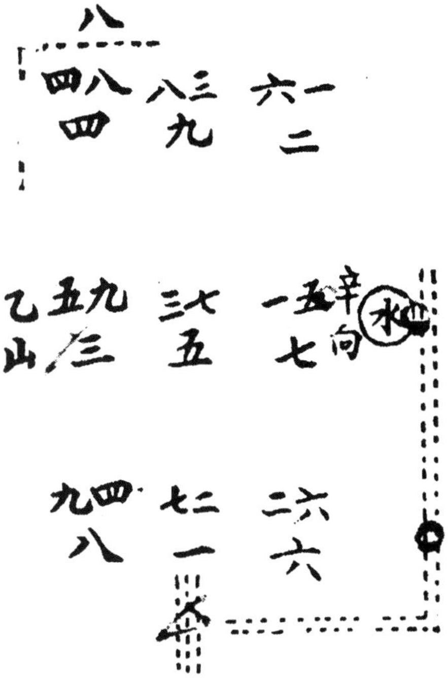

四八 四	八三 九	六一 二
乙山 五九 三	三七 五	一五 七 辛向 水
九四 八	七二 一	二六 六

巽龍轉甲入首。巽巳方界水。兌位有內堂水。子癸方有大河冲腰。戌乾大水。外堂乾兌兩宮大水。

仲山曰。此墳葬後。財氣漸旺。因乾兌兩宮有水。山臨五黃。主丁少。且坎方有河冲腰。主出寡婦。坤爲母故也。主人曰。寡婦世世不絕。

沈註。此局葬後。財漸旺者。得向上旺星。又有大水。故主財也。山上旺星是五。本主多丁。今云丁少者。因山上運盤是三。旺星是五。木尅土也。中宮亦犯此病故主丁少坎方直河冲腰坎上是一爲中男向星飛到是二土剋水也二爲坤爲寡宿犯直河冲動定出寡婦若無直河雖二一同宮無此害也然此地一交七運向星入中必主敗矣

則先謹按山臨五黃主丁少一語餘運則然若五運無此乘時得令之星到山則轉主丁衰祚薄蓋此五乃五運之五非五黃之五亟須辨清不可拘執也

徐姓祖墓　卯山酉向　五運扦

水　四八 四	八三 九	六一 二
水　卯五九 山三	三七 五	一五酉 七向
水　九四 八	七二 一	二六 六

此地離方有水。巽方水特大。艮方又有大水。卯方有小池。兌方有山高而逼。

仲山曰。此地扦後。大主淫亂。主人曰。先生須看得眞。仲山曰。非此無可斷。主人默然。

沈註。此局葬後。主淫亂者。因兌方有山高而逼。旺氣不通。五爲九離也。離爲中女。主婦人掌權。乾爲主。爲夫。六到乾位。已犯伏吟。故家主不管閒事。主淫亂者。卯方池水是五九。艮方大水是四九。書云陰人滿地成羣。紅粉場中快樂。巽爲長女。離爲中女。均生慾火。故主淫亂也。

則先謹按是局。可爲但知旺山旺向而不諳形巒者戒。經有之曰。陰陽相見兩爲難。一山一水何足言。玄空大卦。山上排龍。要當元得令之星。排到實地高山。水裏排龍。要當元得令之星。排到三叉水口。形氣兩合。方爲陰陽相見。若排山而偏値水。排水而却遇山。形氣兩背。是爲陰陽相乘。雖係旺山旺向。仍犯上山下水。其顛倒錯亂。不問可知矣。

伊姓祖墓　癸山丁向　五運扦

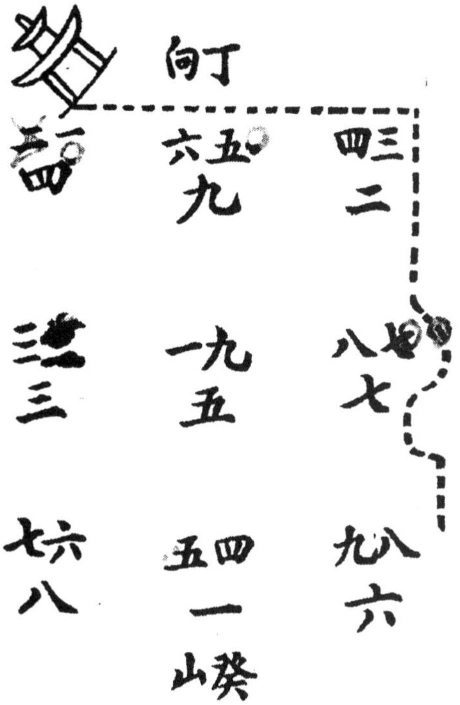

丁向

二一 四	六五 九	四三 二
三二 三	一九 五	八七 七
七六 八	五四 一	九八 六

癸山

節孝坊。

此地巽方溪水來。從離橫過。至庚酉辛屈曲消出。巽方有節孝坊。

仲山曰。此地葬後。大發財丁。惟無讀書人。六運平。七運又大發。然多口舌官訟。

沈註。大發財丁者。因旺星到山到向。向上又有水故也。巽方本一四同宮。又有節孝坊高起。主發科名。因地卦二。魁天卦一。故不出讀書人。六運平平。艮方無水故也。七運大發。因水屈曲出兌方也。七運多官訟者。七爲兌。爲口舌。又運盤到巽是六。六爲官事。巽方節孝坊高起故也。

此墳東首有穴相連。山向局運均同。葬後亦大發。惟啞二女一子。因伊姓墳塞於兌方。兌爲口。爲少女。故主二女啞。一子啞者。八到兌。八爲艮。爲少男。故一子啞。此毫釐千里。落空亡之謂也。

華姓祖墓　癸山丁向　五運扦

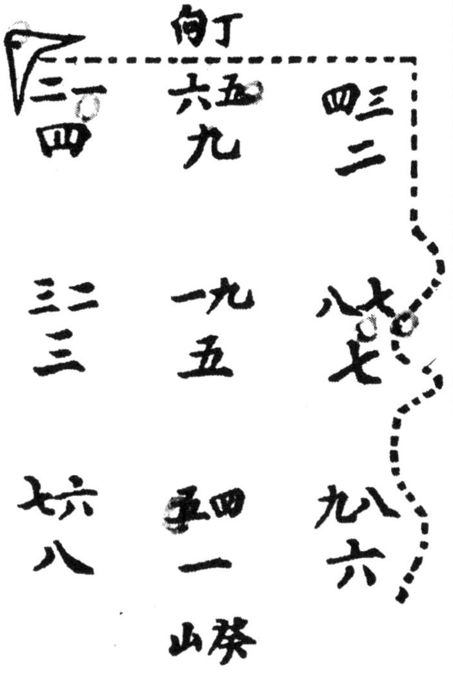

向丁

二一 四	六五 九	四三 二
三二 三	一九 五	八七 七
七六 八	五四 一	九八 六

山癸

此地巽方來水。至兌方屈曲而去。又巽方、水外有尖秀之峯。

仲山曰。此局葬後大發財丁。科甲。七運大發刑名官。

沈註。發財丁者。旺星到山到向。向上又有水也。主科甲者。巽方四一同宮。又得水外尖峯之妙。雖二黑同到。不能害也。書云、一四同宮準發科名之顯。六運平平。因艮方飛星是六。艮方無水故也。七運大發刑名官。位至三品。因雙七臨於兌。而水又屈曲而去。此即配水法耳。

某姓祖墓 癸山丁向 五運扦

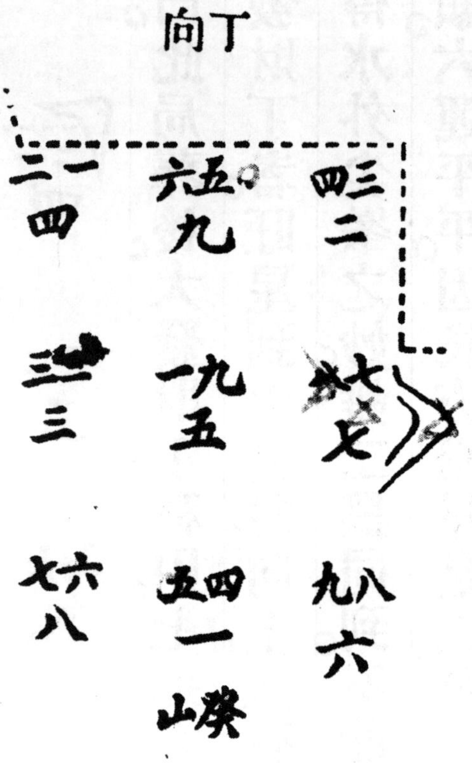

丁向

二一 四	六五 九	四三 二
三二 三	一九 五	八七 七
七六 八	五四 一	九八 六

癸山

此地水從巽方來至兌方消。出兌方有尖峯。

仲山曰。此墳葬後主發財丁。惟兩女一子皆啞。

沈註。兩女一子啞者。因兌方有尖峯。兌爲口舌。雙七臨兌。兌爲少女。故主二女啞也。一子啞者。因八到兌。艮爲少男。故主一子啞也。發財丁者。旺山旺向。向上有水故也。

則先謹按以上同運癸丁數局兌方塞者均啞有水者均利可見伏吟以通塞爲宜忌理氣仗形巒爲印象明此則八國間犯伏吟者得知所取裁矣且巽方同爲一四同宮與水土相克伊姓以節孝坊高起之故竟不出讀書之人而華姓得水外尖秀之峯則準發科名位至三品相去奚止徑庭於此更可見形巒秀美足以左右五行調劑生克八國星辰不過司招攝之化機而已

周姓祖墓　壬山丙向　五運扦

水

	丙向	
九八 四	五四 九	七六 二
八七 三	一九 五	三二 七
四三 八	六五 一	二一 六
	壬山	

此地坤方有水放光。

仲山曰。此地初葬不利。交六運山水俱得旺星。大發丁財。八運長房敗。

沈註。初葬不利者。上山下水故也。交六運丁財兩旺者。以坤方有水放光。坤方是六。山上飛星又是六。故主六運旺也。一交八運長房不添丁財亦敗矣。爾時長房尚有一子。至道光七年。丁亥二黑入中。六白太歲到向。金尅木。故長房之子出瘄而亡。

先則謹按。交八運。坤方之六。去已久者爲死。六屬長。故主長房不添丁而敗財。且八運五黃飛坤。犯火剋金亦屬不利。

餘姚徐姓祖墓　丑山未向　五運扦

九三 四（乾）	四七 九	二五 二（未向）
一四 三	八二 五	六九 七
五八 八（丑山）	三六 一（廟）	七一 六（水）

此地乾方有水。巽方有一紅廟。

錢蘊巖曰。此墳葬後。富貴兩發。六運中鄉榜五人。出一神童。年十五中進士。十九歲吐血而亡。現交八運。長房淫亂。今科名已無。財氣甚大。

沈註此局大發財丁者。旺山旺向。且中宮是五。向上是五。山上又是五。山向合十。與中宮亦合十故也。發科甲者。乾方開宕之水。一六同宮。巽方又四九為友也。中五人者。山上旺星是五故也。吐血而亡者。紅廟高聳也。八運無功名者。八白上山。艮方無一四也。八運長房淫亂者。巽爲木。爲長女。故應長房。巽方有九。九爲慾火。且有三爲長男。爲賊星。以慾火之女。與賊星之男同居。能免無淫亂耶。財氣旺者。合七合十五故也。

則先 謹按六運中鄉榜者。以天盤斷也。因八國無水。獨乾宮有一卦純清之水。放光。故應在六運。又向上飛星之一。亦到乾。一六共宗。乃趨車朝闕之義。爲催官水。故主發貴。八運長房淫亂者。巽方四九爲友。交八運兌七飛巽。陰神成羣。加以紅廟高聳。陰神得力焉。得不主淫亂。或且有人面桃花之應。

陳餘六祖墓　乙山辛向　六運扞

	三七 五	八三 一	一五 三	
乙山	二六 四	四八 六	六一 八	辛向
	七二 九	九四 二	五九 七	

戌乾亥有浜水。至庚酉辛闊大。坤申消出。艮方另插一浜。直射穴後。

仲山曰。此等山向凶多吉少。主人曰。葬後六百餘畝田。一敗如灰。寡居五六人。仲山曰。上山下水。其禍安得不如此。

沈註此局艮方一浜射入。到艮之星是二七。二爲寡宿。七爲少女。且山上六白爲男。男已落水。故主傷男而出寡也。來水去水並尅向首。蓋向上是一。來水是九。爲水尅火。向上是一。去水是五。五爲廉貞作火論。亦

水尅火飛星又上山下水故葬後一敗如灰也然此地必無氣如有氣之地雖財丁兩敗而功名可許因乾兌兩方有水一爲魁星九爲文明雖尅無礙也

鄭姓祖墓　癸山丁向　六運扦

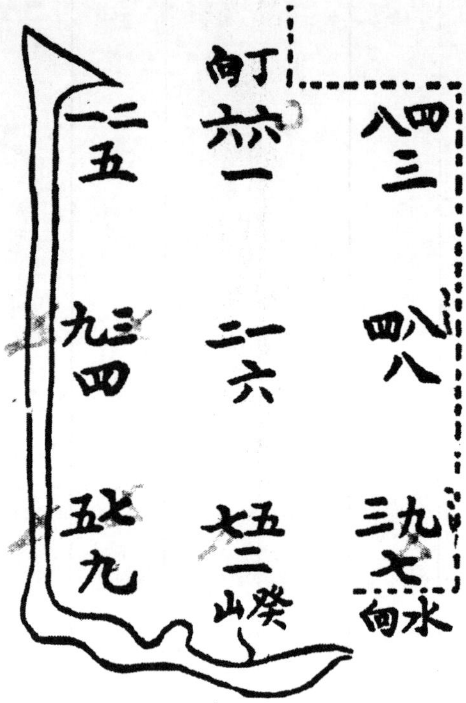

此地由癸丑艮高山出脈。乾上澗水聲嚮。從兌坤流至離方。艮方拖出一條山岡。卯方低。至巽方高起。

仲山曰。此地初葬時有旺星照穴。離方有水。尚屬平順。一交下元甲子。損丁作賊。且犯血證。蓋損丁者。廉貞並臨。作賊者。破軍失陷故也。

沈註。此局初葬順利者。旺星到向。午方有水也。七赤氣不通。又有拖出一條穿砂。故交下元甲子主作賊。坐山上亦是七到。作賊者定是少男。

坐山上二五交加。又五七同宮。乾上七九同宮。七爲口。離火色紅。故主吐血。兌火尅金乎。然此地交八九兩運。應順利。因乾兌兩宮有水也。但盜禍終不能免。因艮方有穿砂。形不美故也。

則先

謹按穿砂。與探頭同作賊論。失元主本家。應運而出賊。得令亦慮盜賊之覬覦。正不必破軍失陷。三碧五黃亦所同忌。觀此則形巒美惡。當知所愼矣。二五迭臨於坎巽。損丁之徵。乾方七九同宮。名曰火照澤天。故兼患血證也。

周姓祖墓　壬丙兼亥巳　六運扞

高田	丙向	
三一 五	七六 一	五八 三
四九 四	二二 六	九四 八
八五 九	六七 二	一三 七
	壬山	低田

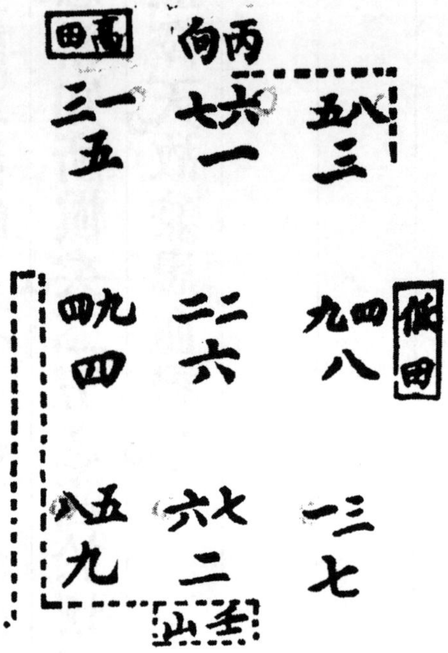

龍從坎方低山穿田至河口兌方有低田界淸脈氣坤方有支水來堂未方亦有一支水暗來不見穴前只見辰巽巳三位高田不見水光坎方有河開宕由震消艮

仲山曰此地惜前朝遠而不秀巽方水未能圓亮放光否則爲狀元地也今狀元峯不秀特貪狼方又無水富而已矣恐小功名亦難得其言悉符

沈註此局壬丙兼亥巳用坤壬乙法（言向上飛星爲一二即壬壬挨巨門不用一而用二入中替卦法也）向上得一

六八山上亦得一六八故仲山許爲狀元地也然巽方一白是高田而無水狀元峯卽朝山遠而不秀故言小功名亦無有僅得富而已若朝山一秀巽方有水放光此卽六白秀峯配一白水有不中狀元者哉

則先謹按一六八三白到山到向惟替卦六運中得壬丙丙壬兩局當目爲挨星中之珠寶苟形止氣蓄得自然之陰陽大發財丁貴秀復奚疑

胡姓祖墓　午山子向　六運扦

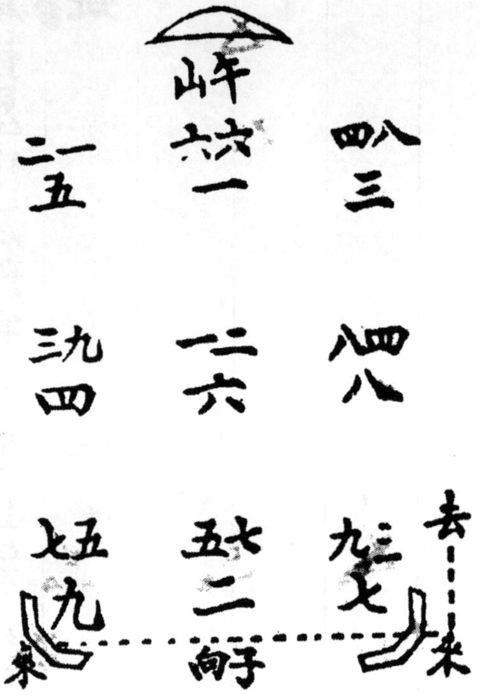

五一 二	一六 六	三八 四
三九 四	一二 六	八四 八
七五 九	五七 二	九三 七

離方有高山乾方有石橋艮方亦有石橋乾方來水艮方來水至亥方消去

仲山曰此局葬後傷丁祖業敗盡

沈註此局旺星到高山乾方來水石橋是三七九向上是二五七艮方石橋是五七九雖山上旺星到山不旺人丁而反損丁何也因乾艮坎三方大凶故也此可參山旺人丁之活法

則先

謹按此玄機賦所謂衆凶尅主獨力難支也乾坎艮三方凶星棋佈左右石橋沖起衰宮禍機潛伏臺時星不當旺未能懾服諸凶且犯上山宜平丁財兩耗不可救藥也

陳姓祖墓　庚山甲向　六運扦

九五 五	四九 一	二七 三
甲向 一六 四	八四 六	六二 八 庚山
五一 九	三八 二	七三 七

仲山曰：此局寅峯獨高，艮宮見水，讀書之聲三元不絕（按此局旺山旺向，向首一四同宮，全局合十故也。）現行八運少丁財，且主出賊。

沈註：寅峯高起探頭在陰位，本家應出一賊，其應在二房，以坎爲中男，離爲中女故也（按八運挨星二到寅，亦陰位也）。

孫姓祖墓 癸山丁向 六運扦

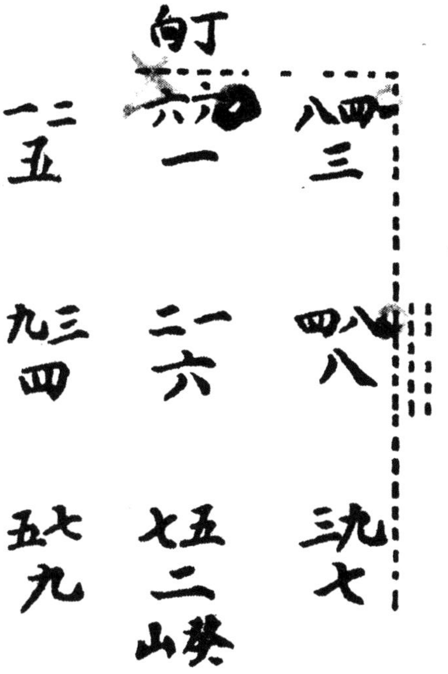

向丁

一二 五	六九 一	八四 三
九三 四	二一 六	四八 八
五七 九	七五 二	三九 七

山癸

此地午方有壩水㶇從未坤申轉庚酉辛闊大至辛戌方消去

仲山曰葬後財丁大旺惟子孫多頭眩病七運平八運財更旺

沈註葬後旺丁財者因雙六到向向上有逆水故也山之令星到向上為下水然雙六為比和故丁亦旺也子孫多頭眩病者因向上旺星是六六為乾為首壩水㶇動故主頭眩且山上龍神下水亦主外證也坤

上之水是四木兌方大水是八四六金尅四木我尅者爲財又土生金故大旺財也七運平平艮方無水故也八運財更大者兌方有大水也

則先謹按水裏龍神上山逢年月星辰挨來尅洩亦主外證如乾首坤腹震足巽臏離目坎腎艮手兌口之類緣上山下水星辰原已失所故凡形峙氣流聲嚮之屬易於招攝耳

金姓祖墓　巽山乾向　六運扞

巽山

四八 五	九三 一	二一 三
三九 四	五七 六	七五 八
八四 九	一二 二	六六 七

河浜

水　乾向

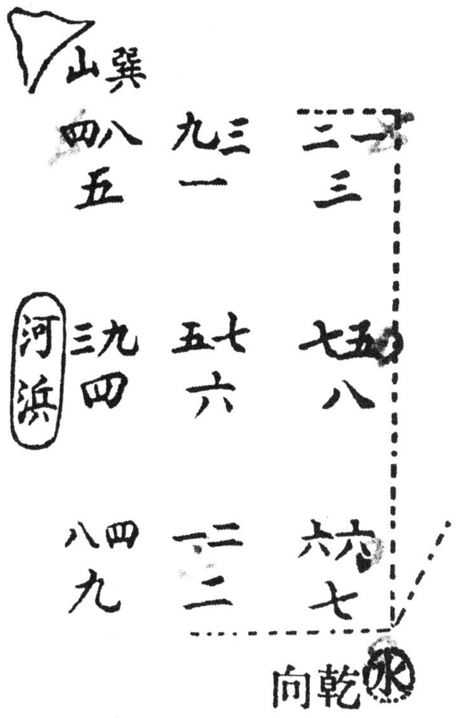

此地來龍由巽入穴向上湖水如鏡坤方有水兌方有遠水來合出於坎震方有河浜

仲山曰此墳主發丁財兼有秀只坤上之水天卦受尅主損男丁主人問何房承當仲山曰房房沾着蓋由挨星地卦二尅天卦一故也

沈註此爲財丁秀之局向得旺向財也向上亦添丁故主財丁六白爲官星故主秀兌方遠水來兌是五有水來地之力反悠久即七赤運亦

不忌其入中矣坤方地卦是二天卦是一謂之下尅上水被土制此方又有水故主損丁兌坎方亦是一二巽四上山安得不房房沾着乎按山上飛星六到向曰下水主傷丁雙六到乾向犯反伏吟巽四上山亦犯反伏吟故也

則先謹按六運巽乾係八運入囚向上湖水如鏡故主悠久即無兌方來水之五化解亦囚不住雙六臨乾本犯伏吟今乾方爲湖其氣已空雖犯無妨第全盤伏吟中巽四上山坤坎兩宮水被土尅不免房房損丁耳

徐姓祖墓　癸山丁向　六運附葬

丁向

一二 五	六六 一	八四 三
九三 四	二一 六	四八 八
五七 九	七五 二	三九 七

癸山

此地坎龍三台落脈。未坤方有水流入離方。離方有湖。穴前不見湖面。其湖收小如鏡。

仲山曰。此墳四運葬後。大敗財源。六運用原向附葬。發科甲。四運葬而敗者。不得其時。吉地亦凶。由退神管向也。六運葬而發者。由進神管向也。按四運。運星八到向。三木尅八土。故爲退神。六運運星一到向。六金生一水。故爲進神。

沈註四運中立此向。雖形巒甚美。而水裏龍神上山。故大敗財源。六運附葬旺星到向向上之湖又得一六同宮天玉云紫微同八武祕旨云驅車朝北闕時聞丹詔頻來所以發科甲也按紫微、爲亥六八武爲壬一即一六同宮也山上飛星六到向爲下水有一六之吉徵、而凶亦不應、乾六爲車馬、壬一爲北闕、丹詔頻來亦一六之應也

則先謹按方今四綠主運常見立此向而坐後有山者其家丁日盛而財恆衰此雙星會合於坐山水神上山之所致也若云退神管向乃僅指向首一星之失令而言非敗財之主因也是墓於六運附葬離方有湖合雙星會合於向首之局加以一六吉徵遂發科甲於此可悟當犯下水毋犯上山之理蓋旺神管向一貴當權其力足以消災致福故也

、鄭姓祖墓　戌山辰向　七運扦

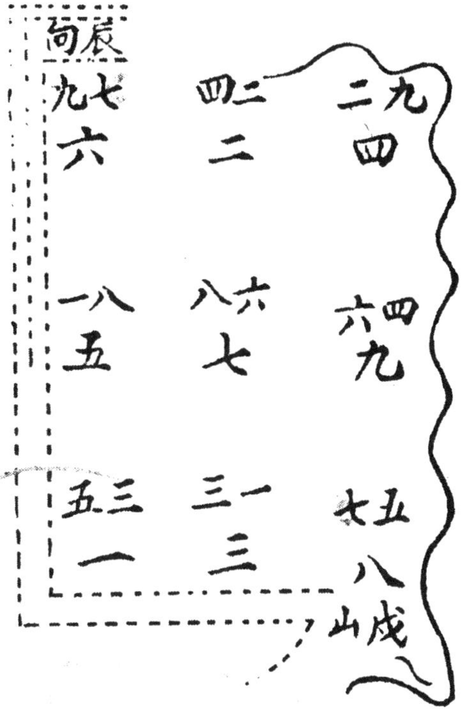

辰向		
九七 六	四二 二	二九 四
一八 五	八六 七	六四 九
五三 一	三一 三	七五 八
		戌山

此地龍從離方屈曲而來。由乾入首。內堂水從癸丑方來。外堂辰巽巳甲卯乙方水甚大。由艮至坎消出。

仲山曰。此小財丁地。綿遠不敗。但子孫必有折足者尤發。主人曰。然自明迄今大發。清初以來。子孫中代代出一蹺子。俗呼為蹺子墳。

沈註此局旺星到山到向。故主丁財綿遠不敗。向上旺星是六。若到四時。須得一百六十年。故言綿遠也。小財丁者。巒頭形局不大也。子孫出

蹺足尤發者因艮方出水處水去形如蹺足故出蹺子尤發者水大也

飛星到艮是三三即震震爲足更加形巒亦如蹺脚故主足疾無疑矣

慈谿俞姓祖墓　子山午向　七運扦

水

	向午		
水			水
四一 六	八六 二	六八 四	
五九 五	三二 七	一四 九	
九五 一	七七 三	二三 八	
水	山子		水

此地平田龍從子癸方來。乾坤艮巽四維之方。均有水。

錢蘊巖曰。此地主餓死。後果以中風不得食餓十餘日而死。家業亦蕭條。

沈註。前有陸姓墳。扦於二運。亦四維之方皆有水。惟水外有山。坐朝與此相同。葬後出名儒巨富。此地亦四維之方有水。特水外無山。致餓死者。彼係旺龍旺向。四方配合有情。此局是衰向。全無生氣入門。且向首

運星是二二爲坤爲腹向星是六六爲乾爲頭頭腹皆無生氣所以餓死此與陸氏一局所謂吉凶不同斷也

則先謹按是局四水開陽全盤合十坤方土金相生巽方一四同宮形氣如此似可無庸贅議孰知災福之柄操於向首一星其應速而驗神今是局以退神管向之故致四庫之配合失其綱領不相呼應衰氣所感遂有餓死零替之應寃哉

王御史祖墓　丁山癸向　七運扦

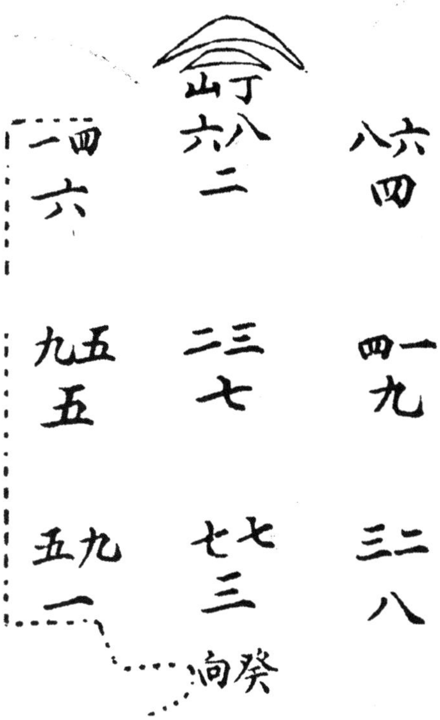

丁山

一四 六	六八 二	八六 四
九五 五	二三 七	四一 九
五九 一	七七 三	三二 八

癸向

此地離方高山。貼身出脈起墩。坤方低。巽震澗水。流至坎艮聚消。無朝案。

仲山白。此地葬後。有財無貴。得六十年旺氣。出御史非此地也。

沈註此局兩盤七到向。財自旺矣。八運本屬不通氣。而山上龍神已下水。故不主凶而反吉。九運艮方有水。仲山故云得六十年旺氣也。不發御史者。因坐後無好峯。朝山無峯。八方又無秀挺之峯。故主富而不貴發御史當別有墳耳。

則先謹按七運用三入中。運與向合十爲最吉。全盤合十亦吉。凡合十則氣通。八運之化凶爲吉。其故殆由於此。若謂山上龍神已下水。故不主凶而反吉。此玄之又玄。可以意會。不可以言傳也。

馬姓祖墓　辰山戌向　七運扦

七九 六（辰山）	二四 二	九二 四
八一 五	六八 七	四六 九
三五 一	一三 三	五七 八（戌向）水

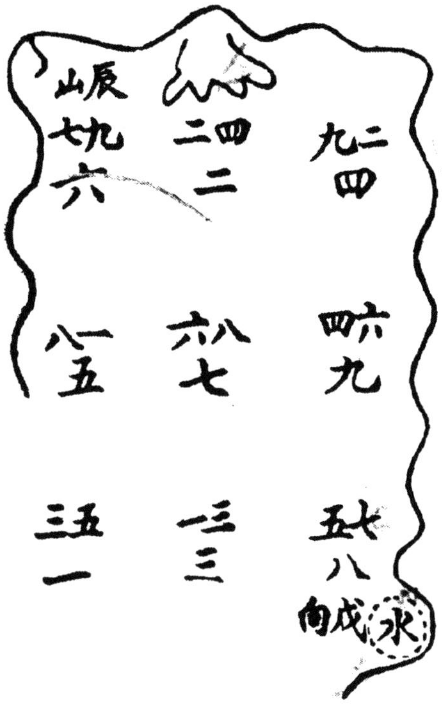

此地龍從卯方乙方。轉巽入首。離方山活石巉巖。至坤兌轉至乾方作朝案。案外飛竄不靜。穴前有水。

仲山曰。此墳葬後吉不抵凶。初運財氣順利。至壬申年難免傷丁現行艮運財丁兩衰。乙未年主有官訟。丁酉亦然。主人曰然。

沈註初運順利者。旺星到向。向上又有水也。然形巒巉巖。故吉不抵凶。且運又甚短。壬申年、太歲八白入中。九到向。山上之九移於向上。故損丁兆案外朝山斜飛不靜一交八運向星入中乙未年官訟者太歲三碧入中七到離離方巉巖故主訟丁酉年太歲一白入中七到坤坤亦巉巖故又訟也

則先謹按是地離方活石巉巖案外又飛竄不靜之煞曜故雖旺山旺向吉不抵凶蓋初年吉凶應驗重在巒頭一逢流年凶星加臨其應如響壬申年山上之九移於向上爲傷丁之徵然是年太歲爲二黑八白入中太歲二黑飛艮艮方飛星之五紫白賦云黃遇黑時出寡亦傷丁之明證也丁酉年一入中二到乾又犯二五疊臨恐人口亦不利

某姓墓　辰戌兼巽乾　八運扞

辰山		
六八 七	二四 三	四六 五
五七 六	七九 八	九二 一
一三 二	三五 四	八一 九
		戌向　水

此地龍從辰巽來。辰巳方有高峯。戌乾方有大水放光。

仲山曰。此局上山下水主凶。且龍運已死。立戌向龍神交戰。主出大盜滅族。

沈註辰巽巳龍。八運已死者。巽方是木。八運到巽是七。犯金剋木。故云死龍。八運立戌向。向星到辰是八。巽木又來剋土。龍神交戰已極。此地當出大盜滅族之人。因辰爲天罡。戌爲地煞。故交一運。必出凶惡之徒。因一到向上大水故也。至二三運。即犯滅族之禍矣。若坐下無山。向上無大水。只主斬絞徒流。斷不至於滅族耳。

則先

謹按以天罡地煞處高峯大水。龍運已死。龍神交戰。形氣兩頑。挺生巨盜。加以山顛水倒。運短囚速。交一運。向上令星又吊入中宮。愈演愈烈。馴至滅族。陰宅祕斷。五十餘則。以是局爲最凶。學者於此。當凜四墓銷鑠之可畏。形氣取舍之宜愼也。

鄒狀元祖墓　卯山酉向　九運扦

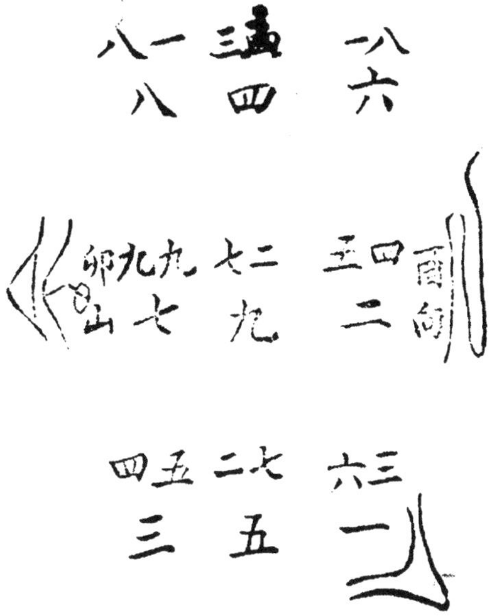

卯山				酉向
	八一 八	三五 四	一八 六	
卯山	九九 七	七二 九	五四 二	酉向
	四五 三	二七 五	六三 一	

此地卯方高山尖頂落脈。縮細又聳尖頂。仍落脈生石鉗。鉗前生土墩。緊葬墩葬。儼如圈椅。上降軟砂數層作內襯。乾峯遠出十餘里。堂氣寬大。兌方河水十餘里屈曲來朝。

仲山曰。獨取乾峯發貴。向上之水。坐下之山。形局雖甚美。恐財丁不大旺。此不得時之故也。

沈註有此美地。使得運得局。定當大發。惜不得其時。但取乾峯發貴而已。可見單講巒頭者。如不得時。吉地大減力量。乾方一六同宗。又三碧本亦主功名。故三運內發鼎甲也。

則先謹按：秀峯主貴。發在何運。例須從山上飛星斷。然有時亦可就向上飛星推也。是局獨取乾峯發貴。向星三碧到乾。本主功名。而三運客星四飛乾。與運盤合成四一。實爲催貴之徵。故交三運便發鼎甲。或照四運排。雖取向水屈曲來朝。而無奈向星入中。星不得令。向上之水反當作凶煞論矣。

許姓祖墓　丁山癸向　九運扦

	平田	
水	丁山	低田
三六 八	八一 四	一八 六
二七 七	四五 九	六三 二
七二 三	九九 五 癸向	五四 一
	大湖	

此地平洋午龍入首。左低田。右河浜。前大湖。

仲山曰。敗丁敗財。因向上湖水受煞也。

沈註。前鄒姓之墳。因旺星不到向。大減力量。此局旺星到向。乃云敗丁敗財者何也。蓋九運最難取裁。向上無水固屬不美。向水太旺。火光越盛亦不宜。况兌方三碧木生火。震方七赤火比和。火會聚助向首火愈熾矣。此可爲但知旺星者戒也。　九紫運往往雙到向。不能到山。大抵山上一盤。取二黑八白龍入首。向上之水。取田源渠溝或狹河小港亦

可一白方不通氣固屬不可一白方水大亦嫌水尅火總之不宜見大水爲是耳

則先謹按一九兩運無到山到向之局立向較難然坎一居上元之首統領諸卦臨方到向罄無不宜而離九處下元之末本元之氣不復可通一六八三吉中僅取貪狼一吉餘均衰死加以火性燥烈形氣之饒減制化往往顧此失彼故立向以九運爲最難是墓雙星聚向面臨大湖火過旺矣龍神下水水外無山丁不保矣且入中彌速一運便囚凶可知矣或以謂向上有此大水當作囚不住論孰知雙星會合於向首者以向上飛星到山之字入中爲囚苟坐後有此大湖猶可疑爲囚不住耳

陽宅祕斷計十七條

陶姓宅　丑山未向　五運造

九三 四	四七 九	二五 二（向未）
一四 三	八二 五	六九 七
五八 八（山丑）	三六 一	七一 六

向上有破屋。并水開巽方門●前有三叉水口。兌方有水。至巽方門前聚消。

此屋住後財丁頗好。旺星到向也。至六七兩運。病人常見女鬼。因向上有參差之樓故也。

則先謹按。向上殘樓參差。陽和掩蔽。宅中色氣。乃禍福之主宰。黑暗陰寒。謂之死氣。故旺運一過。二本陰卦。五爲五鬼。自有病人。常見女鬼之應。

某宅　子午兼癸丁　五運造

午向

二一 四	六五 九	四三 二
三二 三	一九 五	八七 七　暗探
七六 八	五四 一	九八 六

子山

此宅兌方有暗探。七運見鬼。八運已消。可見暗探必主出鬼。不必拘定二黑爲鬼也。

此屋住後。出寡婦中年以上人丁剋死。因坤土剋坎水故也。此從屋向斷。不從門向斷也。

則先謹按此屋起造非不合運。但巽方星辰。犯水遭土剋之咎。所以迭損中年者。必是方有隣屋窒塞。掩蔽陽和。受剋乃烈。否則闢爲門路。通一四之氣。亦未嘗不主書香也。

某宅　壬丙兼亥巳　五運造

丙向

一六 四	六二 九	八四 二
九五 三	二七 五	四九 七
五一 八	七三 一	三八 六

壬山

此局用變卦。故七二入中。

按到山之一，爲壬壬挨二，巨到向之九，爲丙丙挨七破，故山向飛星不用一九，而用二七，此用替卦之法也。

此屋住後寡婦當家。如夫人主政。因二爲寡宿。七五入中宮。七爲少女。故主如夫人主家政也。

則先謹按。二黑到向主寡鵠。與六白同到則主寡而得旌。六爲官星故也。有水更驗。二宅同斷。是局從向首中宮合闔取驗。凡斷衰向。或旺向。被凶形冲射者。均宜取法於是並闔中宮也。

某宅　辛乙兼戌辰　五運造

乙向				辛山
	八三 四	三七 九	一五 二	
	九四 三	七二 五	五九 七	
	四八 八	二六 一	六一 六	

路

此局用變卦。故二七入中。

按向上挨星爲三。三卽乙。乙挨巨。故飛星不用三而用二入中。亦用替卦法也。

此屋住後多女少男。連產八九女。只生一男。坎方有路。如夫人生者聰明。正配生者愚魯。因一六到坎故也。生女者氣衰也。卽陽卦六生女故也。

則先謹按此局。不當替而用替。氣自衰矣。氣衰本主生女。陽卦且然。

今山向中宮。陰卦密佈。顯係多女之象。連產八九女者。山上向上各逢九到故也。只生一男者。運星三到向。震爲長男故也。九五臨山。火炎土燥。故所產愚魯。祕旨云。火見土而出愚鈍頑夫。雖當元亦應。況衰向乎。

某宅　子山午向兼癸丁　六運造

午向

一二 五	六六 一	八四 三
九三 四	二一 六	四八 八
五七 九	七五 二	三九 七

子山

此屋財氣大旺丁氣亦佳因旺星到向向上有水也然辰巽方是一二牆外有墳左邊當出一書腐未坤方有屋門臨於四八之位右邊亦出一書腐因一爲魁星四爲文昌皆被土壓故也若無墳屋不過出讀書之人耳

則先謹按觀此可悟一四所在無論山向飛星均不宜受形質上之逼壓犯則變文秀爲書腐沖射更凶二宅同忌

某宅　子山午向　六運造

午向

一二 五	六六 一	八四 三
九三 四	二一 六	四八 八
五七 九	七五 二	三九 七

子山

此宅對宮有屋尖沖射中子當家因坎入中宮坎爲中男也然屢被官府暗算以雖屬旺向因有鄰屋沖射向上是六六爲官星故也

則先謹按屋尖沖射官星高聳故屢被官府暗算向上旺神飛到對宮高屋犯上山亦主耗財六爲長長不得力故主中子當家取坎入中宮之驗

某宅　子午兼壬丙　六運造

午向

一二 五	六六 一	八四 三
九三 四	二一 六	四八 八
五七 九	七五 二	三九 七

子山

此宅向得六白雙乾到向乾爲陽首坐子向午爲地畫八卦之坎宅陽六爲坎宅生氣金生水也且合紫微八武同到之妙便門開震巽方進內屋巽方二黑爲孤陰爲坎宅之難神坎宅水也水被土尅故爲難神再見一白同在巽宮土尅水也一爲魁星主出讀書人今受土尅故讀書將成而病生水虧之證恐夭天年　此宅內戶門宜開離艮兌三方合成六七八三般卦因離得六白旺氣也艮得七赤生氣也兌得八白生氣也次走坤路亦妥四綠門四爲文昌切

忌走巽門路。巽方是二主病符。且剋坎宅。竈爲一家之主。此宅竈宜在震方。火門宜向酉。木生火。火生土也。又宜在兌方。火門向震。火生土。木生火也。又宜在坤方。火門向坎。木生火。火生土也。但巽方是宅之病符。坎方是宅之五黃。均宜避。如火門向艮。是火剋兌金。主口舌。有肺病血證。如離方名火燒天。主出逆子。書此可通諸宅之法。

則先謹按。立竈之法。以向上飛星作主。火門朝對爲重。其方位可不問衰旺生死。旺方可避。則姑避之。最宜坐木向土。或坐土向木。取木生火。火生土爲吉。火門向一白。取水火既濟。亦吉。但飛星之二黑五黃方。均爲坐朝所忌。因巨屬病符。廉主瘟癀故也。九紫方火氣太盛。慮患回祿。亦爲坐朝所忌。餘如向乾六兌七。犯火金相尅。主有口舌。肺病血證之咎。亦非所宜。且乾爲天。火燒天門。主出逆子。九六同宮

更驗宅內門方以向上飛星取三般或三白爲不一法門二黑爲坎宅難神當運不忌餘雖無一白同臨亦非所宜因二爲病符故也

會稽任宅　子午兼壬丙　七運造

四一 六	午向 八六 二	六八 四
五九 五	三二 七	一四 九
九五 一	七七 三 子山	二三 八

此宅前面地高。後有大河。乾坎艮方。均現水光。後有大槐。照水一片綠色。屋內多陰暗。住此屋者。財丁兩旺。因雙七到後。後有大河故也。然屋內有身穿綠衣之女鬼。至申時出現。因雙七到坎。七爲兌爲少女也。二黑到乾。二爲坤母。五黃到艮爲廉貞。卽九離爲中女。五黃又爲五鬼。此三方皆有大河水放光。合坐下之七。卽陰神滿地成羣。故主出女鬼。於申時出現者。以坎爲陰卦。申乃陰時也。穿綠者。因槐映水作綠色也。且屋陰暗。故鬼棲焉。八運初錢韞巖於未方爲開一門。至今鬼不現矣。因未方得八白旺星。

艮方變爲二黑五鬼已化故無鬼也此乃一貴當權衆邪并服之謂耳

則先謹按易不言鬼凡鬼均與卦氣有關然必與環境形態相湊合其驗乃神但屋得旺向或門開旺方其形氣亦能潛移此一貴當權之義是宅八運初錢韞巖爲就未方開門鬼不復現卽旺門之力也

會稽章宅　子午兼癸丁　七運造

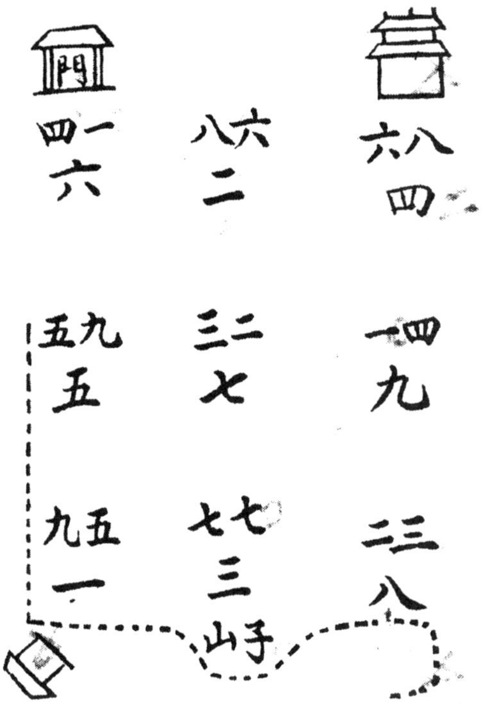

門		
四一 六	八六 二	六八 四
五九 五	三二 七	一四 九
九五 一	七七 三	二三 八
	山子	

此屋運星到後，定主財丁兩旺。雙七臨坎，至八運財大退。以坤方無水，且有高樓壓塞，名爲上山故也。又有官訟不休，以六到坤，六爲官星也。此屋若兩家合住，書云、一到分房宅氣移。一門換作兩門，推左邊所住之人，居一五之位，是衰方。八運上山，定主蕭索。右邊所住之人，是八位，雖係上山，地盤尙旺，較左邊之財大有高下。然總不吉耳。門開一四之方，書香是好。兌方所住之人，一四同宮，定主采芹。屋後之河，乾方有蹺足之象。且居於乾之三，三爲震

爲足。住乾方屋者。必出一蹺足。左邊所住丑方之人。必出一瞽女。因丑方九五同宮。且有門屋塞壓。九爲離爲目。五爲土。目中有土。故主瞽。書云。離位傷殘而目瞎也。左屋之竈。建於震方。震九位火。門向午。午即六。定主父子不睦。書所云。火燒天也。然無罵父之兒者。形局無張牙之狀耳。

則先謹按。天元五歌陽廂篇云。一到分房宅氣移。一門恆作兩門推。有時內路作外路。入室私門是握機。註曰。分房者。是數家合居一屋之分房也。看法以一家私門爲主。諸家往來之路爲用。是言九星定於起造之際。不因分房而隨之變易。第分房以後。各得一隅。其吉凶以私門乘氣。故曰握機。內路引氣。故轉可作外路論耳。後人不察。率以分房後之私門作主。不論所處地位。僅係宅之一部。或以房餘屋各自立極飛佈九星。誰知中宮誤定。滿盤都錯。要之宅運。以起造定特立星辰。須實際上自闢徯徑。不相關連。方得立極飛佈。自成一家。否則衹可照全宅。八國之局部推也。本篇詳註住左住右。左居一五之位。右處八白之方。卽房分而宅運仍舊之明證也。或謂住左邊者。私門向西。七運山上飛星西方是一。向上飛星西方是四。門對一四同宮。主出聰明正途之人。住右邊者。私門向東。七運山上飛星東方是五。五卽土也。向上飛星東方是九。九爲火。爲文明。門對九五。火炎土燥。頑鈍之徵。文明被土所壓。主出一書腐。從此門向論也。今沈公註云。兌方所住之人。定主采芹。乃就地盤立論。然震方處九五之位。不出書腐者。亦未始非門對一四之補救也。門向地盤。融洽饒減之理。觀此便不難索解矣。

胡宅 甲山庚向 七運造

甲山				庚向
	四八 六	九四 二	二六 四	
	三七 五	五九 七	七二 九	
	八三 一	一五 三	六一 八	

此屋丁方有一條直路而進山顛水倒本主不吉且離方門前有直路冲進又是二四同宮定主姑媳不睦書云風行地而硬直難當定有欺姑之婦姑受欺不至氣結而死者以門上有九到火能生土故也

則先謹按玄空五行之吉凶必與實地形巒相湊合其驗乃神風行地上氣也硬直難當形也形氣交會自有悍婦欺姑之應是屋門開

二四之方。苟無路氣直冲。其驗亦微。然是屋本犯山顛水倒。若就震方得闢便門。亦足以資補救。今不是之圖。而闢離門。縱無淩長犯上之應。亦全無生氣入門。衰可知矣。

某宅　申寅兼坤艮　七運造

		申山
三二 六	八六 二	一四 四
二三 五	四一 七	六八 九
七七 一	九五 三	五九 八
寅向		

此屋住後財氣頗佳。然巽方有高樓沖射。必有一老寡婦爭田涉訟。因六爲官星。二爲寡宿。爲田土故也。又有少女喜伴中男。因向上雙七。七爲少女。坎一到向。坎爲中男故也。

張村丁宅　子午兼癸丁　七運造

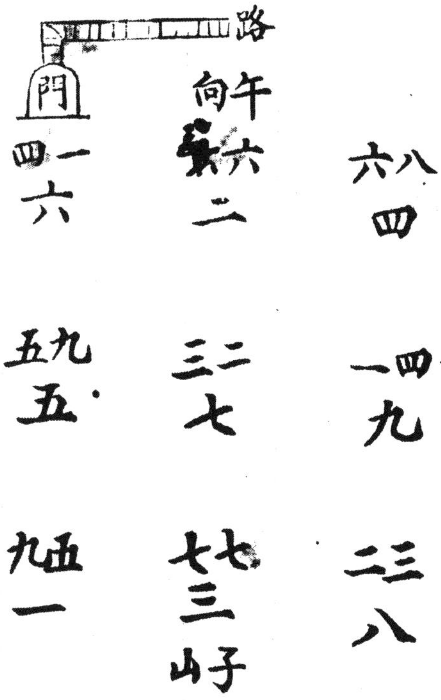

路　門	午向	
四一 六	八六 二	六八 四
五九 五	三二 七	一四 九
九五 一	七七 三	二三 八
	子山	

此屋門開巽方。前有直路闊大。從午方引入。

此屋向星上山。後無水。本主不吉。門開巽方。本一四同宮。主發科名。因路氣直冲。爲水木漂流之象。四爲長女。故主婦人貪淫。路從午方引入。直進到門。主外人進來。來者必一光頭和尚。因向上之六。在於離方。頭被火燒。故主光頭。入於四一之門。與婦人交接也。且巽爲僧。故主來者爲和尚。然此門前必有抱肩砂。否則無此病也。

則先謹按一四同宮得令主功名。失令主淫亂。然與形態醜惡之砂水相值。乃驗。猶發科名之必須挨到秀峯秀水方位。同一例也。二宅皆然。

許宅　子午兼癸丁　七運造

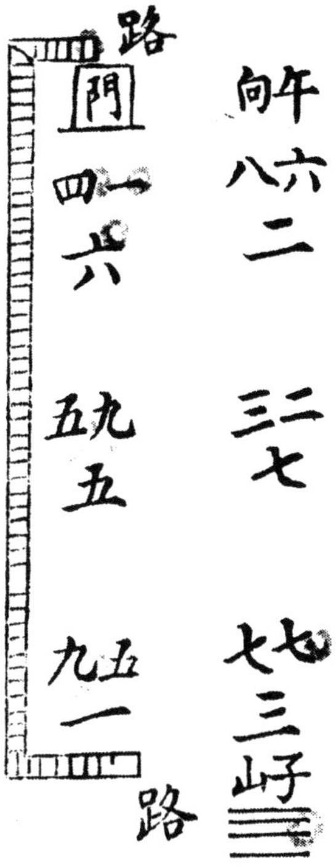

向午

	路 門		
四一 六	八六 二	六八 四
五九 五	三二 七	一四 九
九五 一	七七 三	二三 八

路　子

屋後有河巽方開門路從艮至震至巽引入門中

此屋住後財丁兩旺因旺星到後後有河水故也門開巽方乃一四同宮準發科名且向上是六巽方運盤亦是六六爲首且六與四合十又一與六同宮當爲案首故孟仲兩人均考案首而入泮道光七年丁亥二入中一白到巽二房考一等案首十五年乙未三碧入中二黑太歲到巽長房考起補廩皆巽門之力也進氣艮震兩方之路均犯九五同

宮故出瞽目之人

則先謹按進氣方兩犯九五遂主出瞽可見陽宅以門爲骨以路爲筋吉門惡路故有酸漿入酪之喻

湖塘下陳宅　亥山巳向　八運造

巳向

一八 一七	六五 三三	八三 一五
九二 九六	二九 七八	四七 五一
五六 四二	七四 二四	三八 六九

門 水　　　　亥山 窰

屋後有窰三座在戌乾亥方巳方照牆寅方開大門門前有大湖放光光又有路直冲寅向

此屋住後家主即吐血而亡因乾方六九同宮犯火尅金又有三窰火光透餤直火又來尅金離色赤乾爲主故家主吐血而亡也寅方門二四同宮二爲姑四爲媳又有直路冲門門前大水爲五黃故主姑媳不睦而致訟以六到艮宮六爲官事也次子病後而啞以巽爲風爲聲寅門四二五同宮土塞聲上故主失音中宮七二九同宮書云陰神滿地

成羣紅粉場中快樂。故主姑媳不潔也。此宅若開門向未。八白旺星到門。主二十年吉利。斷無諸患。所謂一貴當權耳。

則先謹按開門之法。固取旺方。而於二十四山。隨時而在之陰陽。不可不辨。如前會稽任宅。八運初錢韞巖於未方爲開一門。鬼不復現。夫坤宮固爲任宅八運之旺方。然不開坤申。而獨取未者何也。蓋八運八入中。五到坤。天元龍四維五屬陽。坤申陽也。逢陽順行。八白不能到門。所謂旺而不旺。未陰也。可用五入中逆行。則旺星到門。艮方變爲二黑矣。是宅艮方運盤爲二。二即未坤申。此三字惟未屬陰。未與丑爲地元一氣。故當開丑門。丑向則二入中。逢陰逆飛。八白旺星亦到門矣。此不旺而旺也。

東溪周宅　酉卯山兼辛乙　八運造

卯向			酉山
	二五 七	六一 三	四三 五
	三四 六	一六 八	八八 一
	七九 二	五二 四	九七 九

(井)

此宅坐後辛方有井。作書房。於道光乙未丙申兩年。先生打死兩學生。均頭上受傷而死。

此屋旺星到山。本主不吉。向上運星之六入中。已洩中宮之土。乾六爲首。爲師長。巽四爲木。爲教令。向上三四六同宮。故首上加木。中宮八六一同宮。故少男頭上有血。辛方之井。雙八到。八爲少男。井在運盤之坎。坎爲血。必待乙未丙申年應者。乙未三碧入中。中宮首上加木也。五黃到井。五爲大煞。書云。五黃到處不留情。一白到向。一爲坎。爲血。向上是六頭已出血故主打死。打死之月。必是二月四入中。中宮頭上重加木也。六白到井頭上見血。二黑到向。太歲臨向也。所傷之人必肖虎者。丙申年四綠到井。二黑入中。太歲臨中宮。四到井上木尅土也。然必是二月一入中宮。頭上見血。傷者必肖牛也。

則先謹按此乃令星下水。丁星落在井中之咎。乙未年逢戊己大煞臨井。丙申年向上之四亦移到井。故凶禍迭現。所傷之人必主肖虎與牛者。以雙八到坐。八卽丑艮寅。丑爲牛。寅爲虎故也。此以卦象推禍兆。而以坐山雙星斷年命也。

某宅 未山丑向 八運造

		未山
六三 七	一七 三	八五 五
七四 六	五二 八	三九 一
二八 二	九六 四	四一 九
向丑		

乾坎二方有水放光。至丑方門前橫過。

此宅住後丁財頗佳。因旺星到坐到向。向上有水故也。惟嫌乾坎兩宮之水。皆四六九同宮。乾方本無六到。而地盤是六。故亦四六也。書曰巽宮水路纏乾。主有懸梁之厄。故主屋內有一女人。身穿紅衣黑背心。坐而吊死。此因乾方地盤是六。六金也。金重。故不能懸起。坐而吊死也。穿紅衣黑背心者。因九一同宮。九爲離色紅。離中虛落於坎位。坎色黑。且中滿。塡補離中虛。故穿紅衣黑背心也。若六在上。四在下。即主懸吊矣。

則先謹按巽爲索乾爲首索繫於首縊之象也故巽宮水路纏乾失元主有懸樑之厄應在女子者乾金剋巽木四九爲陰卦故也然有水或路其剋乃力否則亦不驗是篇合乾坎兩宮解釋卦象惟妙惟肖爲斷法精到之作或云水路纏乾兼形局斷如陽宅乾方有曲水纏繞亦主此厄然亦須太歲或年月星辰加臨其禍斯應

甯波府基　癸丁兼丑未　八運修造

向丁

三三 七	八七 三	一五 五
二四 六	四二 八	六九 一
七八 二	九六 四	五一 九

山癸

此圖向上挨星爲三。三即乙。乙挨巨門。飛星不用三而用二入中者。用替卦法也。

府基兼未。應用變卦。丁即乙。乙即巨門。乙陰逆行。二入中。七到向。八白運修造。用變卦。七到向。向上犯三七疊臨。主刼盜。故夷人來刼財也。未坤申方。雙五廉貞與一白同宮。一水賊也。廉貞火也。庚酉辛方。離火獨焰。一六又在同宮。一爲水賊。六爲兵刃。故主海盜從西門而入。盡燒屋宇。戌乾亥方。上加離。離上加廉貞。壬子癸方。六九同度。辰巽巳方。三七疊臨。丑艮寅方。亦二七同度。二爲火星。七爲兵刃。震方亦是風火同宮

故主滿城皆火賊也

則先謹按官廨爲民牧發號施令之所轄境盛衰所繫得失休咎動關治理非私人宅墓之僅繫一家禍福者所堪擬其萬一其堂局宜取雄壯整嚴氣象萬千而修造尤當合乎天心正運向首一星宜得生旺貴秀之氣和平悠遠之神切忌厲氣煞神到向蓋其承接之氣所關過鉅故論宅以此爲最嚴是局八運用替退神管向令星落於艮宮貴不當權築室方新而星氣已衰爲陽宅所切忌矧以府基之重而可不得旺星者乎且全盤星辰其吉凶以向首所納之氣爲轉移煞神厲氣甯有一定要在乘時合運自然罄無不宜震爲天祿庚號武爵用得其時震庚會局主文臣而兼武將之權於三七乎何尤一六二七九六廉貞亦何莫不然所以造成烽火滿城之局者不當

替而用替向居衰敗之位故也觀此可悟修造不合天心之可畏矣

以上斷語陰陽二宅皆須心靈目巧形氣兼觀若拘拘呆法者不足語於玄空之道也但求地必先積德不善之家須慎用之

錢唐沈竹礽識

卷三 校勘表

二宅祕斷

頁數	面（上下）	行數	字數	誤	正	增	刪
八	下	二	十五	膝	肱		
十五	下	六	第七字下			下	
十八	下	三	第十一字下	上山	山上		
三六	上	圖三行第	第三字	三三 三	三二 三		
三七	下	圖三行第	第三字	三三 三	三二 三		
四四	下	二	第五字下	少少丁財	少丁少財		
四七	下	三	六	紹	詔		
五十	上	一	十	脤	脈		
五三	上	圖二行第	第一字	三四 四	三六 四		
五三	上	五	末	櫬	櫬		
五三	上	十一	十六	滅	減		
六二	下	十一	二十三	宅	廂		
六三	上	八	第十七字下	從此	此從		
六五	上	圖二行第	首	六六 二 一	八六 二 一		
六五	上	圖二行第	末	七七 二 一	七七 三 一		
六七	上	七	四	直	真		
六七	中縫			卷五	卷三		
七十	下	三	二	冶	治		

九宮挨星掌訣

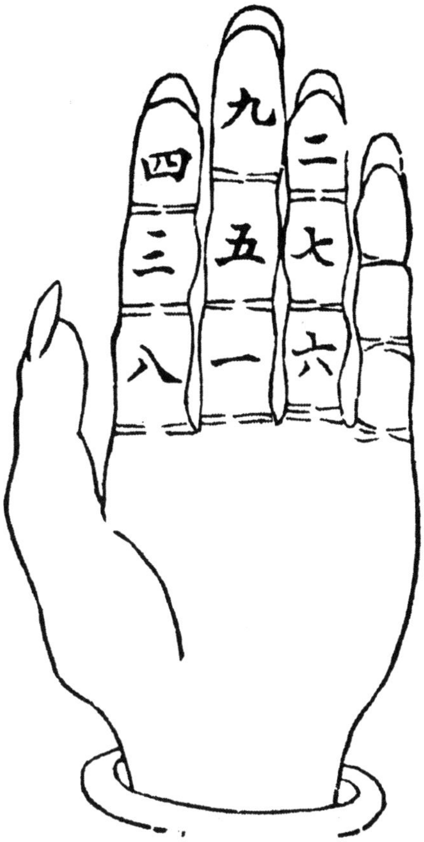

九 二
四 五 七
三 一 六
八

右訣一坎二坤三震四巽五中六乾七兌八艮九離一爲壬子癸二爲未坤申三爲甲卯乙四爲辰巽巳五爲戊己六爲戌乾亥七爲庚酉辛八爲丑艮寅九爲丙午丁以上二十四山分爲天人地三元天元之子午卯酉爲陰乾巽艮坤爲陽人元之乙辛丁癸爲陰寅申巳亥爲陽地元之辰戌丑未爲陰甲庚壬丙爲陽挨星時先將用事之元運入中宮順行名曰挨星再將山上向上挨得之星入中宮分陽順陰逆飛去名曰飛星順飛者由中五至乾六兌七艮八離九坎一坤二震三巽四是逆飛者由中五至巽四震三坤二坎一離九艮八兌七乾六

是故山向飛星在天元之一爲子人元之一爲癸均陰逆行若地元之一爲壬則爲陽順行餘星照此例推蓋一二三四六七八九星之數雖同而由陰陽分順逆則異所謂有珠寶有火坑也若中宮五數戊陽己陰此陰陽視山向爲準如子山午向飛星遇五則爲己陰土而逆行乾山巽向飛星遇五則爲戊陽土而順行天元如此人地兩元亦照此例推

右挨星圖一卷每山每運逐一挨明所有旺山旺向地運長短合十打刦城門訣反伏吟上山下水諸法均由　先生地理叢說中錄出列於各山之前其飛星之生尅比和則錄自華氏天心正運俾學者了然心目庶免爲庸術僞訣所惑至於吉凶斷驗自有仲山宅斷與玄空古義在神而明之存乎其人耳

歲在乙丑夏五月後學江志伊謹識

天元子山午向挨星圖

地運八十年

五運獨旺

三七運全局合十

一三六八運離宮打刦

城門五七九運不用

一四運坤巽吉二八運巽三六運坤吉

一運挨星六到山五到向飛星山順向逆犯下水向比和吉山生入吉

向

五六 九	一 五	三八 七
四七 八	六五 一	八三 三
九二 四	二九 六	七四 二

山

二運挨星七到山六到向飛星山逆向順犯上山向生出凶山比和吉

向

八五 一	三一 六	一三 八
九四 九	七六 二	五八 四
四九 五	二二 七	六七 三

山

三運挨星八到山七到向飛星山順向逆犯下水向比和吉山剋出凶

向

七八 二	三三 七	五一 九
六九 一	八七 三	一五 五
二四 六	四二 八	九六 四

山

四運挨星九到山八到向飛星山逆向順犯上山向剋出凶山比和吉

向

一七 三	五三 八	三五 一
二六 二	九八 四	七一 六
六二 七	四四 九	八九 五

山

五運挨星一到山九到向飛星山向均逆當旺向生出凶山剋入吉

向

二一 四	六五 九	四三 二
三二 三	一九 五	八七 七
七六 八	五四 一	九八 六

山

六運挨星二到山一到向飛星山順向逆犯下水向比和山生入吉

向

一二 五	六六 一	八四 三
九三 四	二一 六	四八 八
五七 九	七五 二	三九 七

山

七運挨星三到山二到向飛星山逆向順犯上山向生入吉山比和吉

向

四一 六	八六 二	六八 四
五九 五	三二 七	一四 九
九五 一	七七 三	二三 八

山

八運挨星四到山三到向飛星山順向逆犯下水向比和吉山剋出凶

向

三四 七	八八 三	一六 五
二五 六	四三 八	六一 一
七九 二	九七 四	五二 九

山

九運挨星五到山四到向飛星山逆向順犯上山向剋出凶山比和吉

向

六三 八	一八 四	八一 六
七二 七	五四 九	三六 二
二七 三	九九 五	四五 一

山

天元午山子向挨星圖

地運一百年

五運獨旺

三七運全局合十

二四七九運坎宮打刼

城門一三五運不用

六九運乾艮吉四七運艮二八運乾吉

一運挨星五到山六到向飛星山逆向順犯上山向生入吉山比和吉

山

六五 九	一一 五	八三 七
七四 八	五六 一	三八 三
二九 四	九二 六	四七 二

向

二運挨星六到山七到向飛星山順向逆犯下水向比和吉山生出凶

山

五八 一	一三 六	三一 八
四九 九	六七 二	八五 四
九四 五	二二 七	七六 三

向

三運挨星七到山八到向飛星山逆向、順犯上山向剋出凶山比和吉

山

八七 二	三三 七	一五 九
九六 一	七八 三	五一 五
四二 六	二四 八	六九 四

向

四運挨星八到山九到向飛星山順向逆犯下水向比和吉山剋出凶

山

七一 三	三五 八	五三 一
六二 二	八九 四	一七 六
二六 七	四四 九	九八 五

向

五運挨星九到山一到向飛星山向均逆當旺向剋入吉山生出凶

	山	
一二 四	五六 九	三四 二
二三 三	九一 五	七八 七
六七 八	四五 一	八九 六
	向	

六運挨星一到山二到向飛星山逆向順犯上山向生入吉山比和吉

	山	
二一 五	六六 一	四八 三
三九 四	一二 六	八四 八
七五 九	五七 二	九三 七
	向	

七運挨星二到山三到向飛星山順向逆犯下水山生入向比和吉

	山	
一四 六	六八 二	八六 四
九五 五	二三 七	四一 九
五九 一	七七 三	三二 八
	向	

八運挨星三到山四到
向飛星山逆向順犯
上山山比和向剋出
凶

六一 五	一六 一	二五 九
山 八八 三	三四 八	七九 四 向
四三 七	五二 六	九七 二

九運挨星四到山五到
向飛星山順向逆犯
下水山剋出凶向比
比和吉

一八 六	六三 二	五四 一
山 八一 四	四五 九	九九 五 向
三六 八	二七 七	七二 三

天元卯山酉向挨星圖
地運四十年
三五七運當旺
一八運坎宮打刼
城門五七運不用六
運乾坤吉一三四運
坤吉二八九運乾吉

一運挨星八到山三到向飛星山順向逆犯下水向比和山生入吉

	七四 九	三八 五	五六 七	
山	六五 八	八三 一	一一 三	向
	二九 四	四七 六	九二 二	

二運挨星九到山四到向飛星山逆向順犯上山山向均比和吉

	一三 一	五八 六	三一 八	
山	二二 九	九四 二	七六 四	向
	六七 五	四九 七	八五 三	

三運挨星一到山五到向飛星山向均逆當旺山剋入吉向剋出凶

	二六 二	六一 七	四八 九	
山	三七 一	一五 三	八三 五	向
	七二 六	五九 八	九四 四	

四運挨星二到山六到向飛星山向均順犯上山下水山生入吉向剋入吉

	一五 三	六一 八	八三 一	
山	九四 二	二六 四	四八 六	向
	五九 七	七二 九	三七 五	

五運挨星三到山七到向飛星山向均逆當旺向剋出凶山生入吉

	四八 四	八三 九	六一 二	
山	五九 三	三七 五	一五 七	向
	九四 八	七二 一	二六 六	

六運挨星四到山八到向飛星山向均順犯上山下水山生出凶向生入吉

	三七 五	八三 一	一五 三	
山	二六 四	四八 六	六一 八	向
	七二 九	九四 二	五九 七	

七運挨星五到山九到向飛星山向均逆當旺向剋出凶山生入吉

山				向
	六一 六	一五 二	八三 四	
山	七二 五	五九 七	三七 九	向
	二六 一	九四 三	四八 八	

八運挨星六到山一到向飛星山順向逆犯下水山向均比和吉

山				向
	五二 七	一六 三	三四 五	
山	四三 六	六一 八	八八 一	向
	九七 二	二五 四	七九 九	

九運挨星七到山二到向飛星山逆向順犯上山向剋出凶山比和吉

山				向
	八一 八	三六 四	一八 六	
山	九九 七	七二 九	五四 二	向
	四五 三	二七 五	六三 一	

天元酉山卯向圖挨星

地運一百四十年

三五七運當旺

二九運離宮打刧

城門三六運不用四

運巽艮吉一二八運

巽吉五六七九運艮吉

一運挨星三到山八到

向飛星山逆向順犯

上山山比和吉向生

入吉

向				山
	四七 九	八三 五	六五 七	
向	五六 八	三八 一	一一 三	山
	九二 四	七四 六	二九 二	

二運挨星四到山九到

向飛星山順向逆犯

下水山向均比和吉

向				山
	三一 一	八五 六	一三 八	
向	二二 九	四九 二	六七 四	山
	七六 五	九四 七	五八 三	

三運挨星五到山一到向飛星山向均逆當旺山剋出凶向剋入吉

向				山
	六二 二	一六 七	八四 九	
向	七三 一	五一 三	三八 五	山
	二七 六	九五 八	四九 四	

四運挨星六到山二到向飛星山向均順犯上山下水山剋入吉向生入吉

向				山
	五一 三	一六 八	三八 一	
向	四九 二	六二 四	八四 六	山
	九五 七	二七 九	七三 五	

五運挨星七到山三到向飛星山向均逆當旺山剋出向生入吉

向				山
	八四 四	三八 九	一六 二	
向	九五 三	七三 五	五一 七	山
	四九 八	二七 一	六二 六	

六運挨星八到山四到向飛星山向均順犯上山下水山生入吉向生出凶

向				山
	七三 五	三八 一	五一 三	
向	六二 四	八四 六	一六 八	山
	二七 九	四九 二	九五 七	

七運挨星九到山五到向飛星山向均逆當旺山剋出向生入吉

向				山
	一六 六	五一 二	三八 四	
向	二七 五	九五 七	七三 九	山
	六二 一	四九 三	八四 八	

八運挨星一到山六到向飛星山逆向順犯上山山向均比和吉

向				山
	二五 七	六一 三	四三 五	
向	三四 六	一六 八	八八 一	山
	七九 二	五二 四	九七 九	

九運挨星二到山七到向飛星山順向逆犯下水山剋出凶向比和吉

一八 八	六三 四	八一 六	
向 九九 七	二七 九	四五 二	山
五四 三	七二 五	三六 一	

天元乾山巽向挨星圖

地運一百六十年

二八運當旺

一九運全局合十

一四運坎宮打刧

城門〆四七運不用

三五運卯午吉二七

九運卯吉六八運午

吉四六運犯反吟伏吟

一運挨星二到山九到向飛星山順向逆犯下水向比和吉山剋出凶

向		
一一 九	六五 五	八三 七
九二 八	二九 一	四七 三
五六 四	七四 六	三八 二
		山

二運挨星三到山一到向飛星山向均逆當旺向剋入吉山生入吉

向

四二 一	八六 六	六四 八
五三 九	三一 二	一八 四
九七 五	七五 七	二九 三

山

三運挨星四到山二到向飛星山向均順犯上山下水向生出凶山剋入吉

向

三一 二	八六 七	一八 九
二九 一	四二 三	六四 五
七五 六	九七 八	五三 四

山

四運挨星五到山三到向飛星山順向逆犯下水山生入吉向比和吉

向

四四 三	九八 八	二六 一
三五 二	五三 四	七一 六
八九 七	一七 九	六二 五

山

五運挨星六到山四到向飛星山向均順犯上山下水山生入吉向剋出凶

向		
五三 四	一八 九	三一 二
四二 三	六四 五	八六 七
九七 八	二九 一	七五 六
		山

六運挨星七到山五到向飛星山逆向順犯上山向剋入山比和吉

向		
八四 五	三九 一	一二 三
九三 四	七五 六	五七 八
四八 九	二一 二	六六 七
		山

七運挨星八到山六到向飛星山向均順犯上山下水山剋出凶向生出凶

向		
七五 六	三一 二	五三 四
六四 五	八六 七	一八 九
二九 一	四二 三	九七 八
		山

八運挨星九到山七到
向飛星山向均逆當
旺山生出凶向剋出
凶

向

一八 七	五三 三	三一 五
二九 六	九七 八	七五 一
六四 二	四二 四	八六 九

山

九運挨星一到山八到
向飛星山逆向順犯
上山山比和吉向生
入吉

向

二七 八	六三 四	四五 六
三六 七	一八 九	八一 二
七二 三	五四 五	九九 一

山

天元巽山乾向挨星圖
地運二十年
二八運當旺
一九運全局合十
六九運離宮打刦
城門六運不用五七
運子酉吉一三八運
酉吉二四九運子吉
四六運犯反伏吟凶

一運挨星九到山二到向飛星山逆向順犯上山山比和向剋出

凶

山

一一 九	五六 五	三八 七
二九 八	九二 一	七四 三
六五 四	四七 六	八三 二

向

二運挨星一到山三到向飛星山向均逆當旺山剋入吉向生入

吉

山

二四 一	六八 六	四六 八
三五 九	一三 二	八一 四
七九 五	五七 七	九二 三

向

三運挨星二到山四到向飛星山向均順犯上山下水山生出向剋入吉

山

一三 二	六八 七	八一 九
九二 一	二四 三	四六 五
五七 六	七九 八	三五 四

向

四運挨星三到山五到向飛星山逆順犯上山山比和吉向生入吉

山		
四四 三	八九 八	六二 一
五三 二	三五 四	一七 六
九八 七	七一 九	二六 五
		向

五運挨星四到山六到向飛星山向均順犯上山下水剋出向生入吉

山		
三五 四	八一 九	一三 二
二四 三	四六 五	六八 七
七九 八	九二 一	五七 六
		向

六運挨星五到山七到向飛星山順向逆犯下水山剋出凶向比和吉

山		
四八 五	九三 一	二一 三
三九 四	五七 六	七五 八
八四 九	一二 二	六六 七
		向

七運挨星六到山八到
向飛星山向均順犯
上山下水山生出凶
向剋出凶

山		
五七 六	一三 二	三五 四
四六 五	六八 七	八一 九
九二 一	二四 三	七九 八
		向

八運挨星七到山九到
向飛星山向均逆當
旺山剋出凶向生出
凶

山		
八一 七	三五 三	一三 五
九二 六	七九 八	五七 一
四六 二	二四 四	六八 九
		向

九運挨星八到山一到
向飛星山順向逆犯
下水山生入向比和
吉

山		
七二 八	三六 四	五四 六
六三 七	八一 九	一八 二
二七 三	四五 五	九九 一
		向

天元艮山坤向挨星圖

地運一百二十年

四六運當旺

城門二四九運不用

一三五八運午酉吉

七運酉吉六運午

吉二五八運犯反伏

吟凶然全局合成三

般卦

一運挨星四到山七到

向飛星山順向逆犯

下水山剋出凶向比

和吉

		向
三八 九	八三 五	一一 七
二九 八	四七 一	六五 三
七四 四	九二 六	五六 二
山		

二運挨星五到山八到

向飛星山向均順犯

上山下水山向均比

和吉

		向
四七 一	九三 六	二五 八
三六 九	五八 二	七一 四
八二 五	一四 七	六九 三
山		

三運挨星六到山向到
飛星山順向逆犯下
水山剋出凶向比和
吉

向
三三九　八七五　七八四
一五七　六九三　二四八
五一二　四二一　九六六
山

四運挨星七到山一到
向飛星山向均逆當
旺山剋入吉向生入
吉

向
一四一　五八六　六九五
三六八　七一四　二五九
八二三　九三二　四七七
山

五運挨星八到山二到
向飛星山向均順犯
上山下水山向均比
和吉

向
五八一　一四七　九三六
三六九　八二五　四七一
七一四　六九三　二五八
山

六運挨星九到山三到向飛星山向均逆當旺山剋入吉向剋出凶

		向
一四五	五八一	三六三
二五四	九三六	七一八
六九九	四七二	八二七
山		

七運挨星一到山四到向飛星山逆向順犯上山山比和吉向生出凶

		向
二三六	六八二	四一四
三二五	一四七	八六九
七七一	五九三	九五八
山		

八運挨星二到山五到向飛星山向均順犯上山下水山向均比和吉

		向
一四七	六九三	八二五
九三六	二五八	四七二
五八一	七一四	三六九
山		

九運挨星三到山六到
向飛星山逆向順犯
上山山比和吉向剋
入吉

		向
四五 八	八一 四	六三 六
五四 七	三六 九	一八 二
九九 三	七二 五	二七 一
山		

天元坤山艮向挨星圖
地運六十年
四六運當旺
城門一六八運不用
二五七運子卯吉三
九運卯吉四運子吉
二五八運犯反伏吟
凶然全局合成三般
卦

一運挨星七到山四到
向飛星山逆向順犯
上山山比和向剋出
凶

		山
八三 九	三八 五	一一 七
九二 八	七四 一	五六 三
四七 四	二九 六	六五 二
向		

二運挨星八到山五到向飛星山向均順犯上山下水山向均比和吉

		山
七四 一	三九 六	五二 八
六三 九	八五 二	一七 四
二八 五	四一 七	九六 三
向		

三運挨星九到山六到向飛星山逆向順犯上山山比和向剋出凶

		山
一五 二	五一 七	三三 九
二四 一	九六 三	七八 五
六九 六	四二 八	八七 四
向		

四運挨星一到山七到向飛星山向均逆當旺山生入吉向剋入吉

		山
二八 三	六三 八	四一 一
三九 二	一七 四	八五 六
七四 七	五二 九	九六 五
向		

五運挨星二到山八到向飛星山向均順犯上山下水山向均比和吉

		山
一七 四	六三 九	八五 二
九六 三	二八 五	四一 七
五二 八	七四 一	三九 六
向		

六運挨星三到山九到向飛星山向均逆當旺山剋出凶向剋入吉

		山
四一 五	八五 一	六三 三
五二 四	三九 六	一七 八
九六 九	七四 二	二八 七
向		

七運挨星四到山一到向飛星山順向逆犯下水山生出凶向比和吉

		山
三二 六	八六 二	一四 四
二三 五	四一 七	六八 九
七七 一	九五 三	五九 八
向		

八運挨星五到山二到
向飛星山向均順犯
上山下水山向均比
和吉

山

四一七	九六三	二八五
三九六	五二八	七四二
八五一	一七四	六三九

向

九運挨星六到山三到
向飛星山順向逆犯
下水山剋入向比和
吉

山

五四八	一八四	三六六
四五七	六三九	八一二
九九三	二七五	七二一

向

人元寅山申向挨星圖
地運一百二十年
四六運當旺
城門二四九運不用
一三五八運丁辛吉
七運辛吉
六運丁吉
二五八運犯反伏吟
凶然全局合成三般
卦

一運挨星四到山七到
向飛星山順向逆犯
下水向比和吉山剋
出凶

		向
三八九	八三五	一一七
二九八	四七一	六五三
七四四	九二六	五六二
山		

二運挨星五到山八到
向飛星山向均順犯
上山下水山向均比
和吉

		向
四七一	九三六	二五八
三六九	五八二	七一四
八二五	一四七	六九三
山		

三運挨星六到山九到
向飛星山順向逆犯
下水山剋出凶向比
和吉

		向
五一二	一五七	三三九
四二一	六九三	八七五
九六六	二四八	七八四
山		

四運挨星七到山一到向飛星山向均逆當旺山剋入吉向生入吉

向

八二 三	三六 八	一四 一
九三 二	七一 四	五八 六
四七 七	二五 九	六九 五

山

五運挨星八到山二到向飛星山向均順犯上山下水山向均比和吉

向

七一 四	三六 九	五八 二
六九 三	八二 五	一四 七
二五 八	四七 一	九三 六

山

六運挨星九到山三到向飛星山向均逆當旺山剋入吉向剋出凶

向

一四 五	五八 一	三六 三
二五 四	九三 六	七一 八
六九 九	四七 二	八二 七

山

七運挨星一到山四到

向飛星山逆向順犯

上山山比和吉向生

出凶

向

四一 四　八六 九　九五 八

六八 二　一四 七　五九 三

二三 六　三二 五　七七 一

山

八運挨星二到山五到

向飛星山向均順犯

上山下水山向均比

和吉

向

八二 五　四七 二　三六 九

六九 三　二五 八　七一 四

一四 七　九三 六　五八 一

山

九運挨星三到山六到

向飛星山逆向順犯

上山山比和吉向剋

入吉

向

六三 六　一八 二　二七 一

八一 四　三六 九　七二 五

四五 八　五四 七　九九 三

山

人元申山寅向挨星圖

地運六十年

四六運當旺

城門一六八運不用

二五七九運乙癸吉

三運乙四運癸吉

二五八運犯反伏吟

凶然全局只合成三般

卦

一運挨星七到山四到

向飛星山逆向順犯

上山山比和向剋出

凶

		山
八三 九	三八 五	一一 七
九二 八	七四 一	五六 三
四七 四	二九 六	六五 二
向		

二運挨星八到山五到

向飛星山向均順犯

上山下水山向均比

和吉

		山
七四 一	三九 六	五二 八
六三 九	八五 一	一七 四
二八 五	四一 七	九六 三
向		

三運挨星九到山六到向飛星山逆向順犯上山山比和吉向剋出凶

山

一五 二	五一 七	三三 九
二四 一	九六 三	七八 五
六九 六	四二 八	八七 四

向

四運挨星一到山七到向飛星山向均逆當旺山生入吉向剋入吉

山

二八 三	六三 八	四一 一
三九 二	一七 四	八五 六
七四 七	五二 九	九六 五

向

五運挨星二到山八到向飛星山向均順犯上山下水山向均比和吉

山

一七 四	六三 九	八五 二
九六 三	二八 五	四一 七
五二 八	七四 一	三九 六

向

六運挨星三到山九到向飛星山向均逆當旺山剋出凶向剋入吉

山

四一 五	八五 一	六三 三
五二 四	三九 六	一七 八
九六 九	七四 二	二八 七

向

七運挨星四到山一到向飛星山順向逆犯下水山生出凶向比和吉

山

三二 六	八六 二	一四 四
五三 五	四一 七	六八 九
七七 一	九五 三	五九 八

向

八運挨星五到山二到向飛星山向均順犯上山下水山向均比和

吉

山

四一 七	九六 三	二八 五
三九 六	五二 八	七四 二
八五 一	一七 四	六三 九

向

九運挨星六到山三到
向飛星山順向逆犯
下水山剋入向比和
吉

山
三六 六　八一 二　七二 一
一八 四　六三 九　二七 五
五四 八　四五 七　九九 三
向

人元巳山亥向挨星圖
地運二十年
二八運當旺
一九運全局合十
六九運離宮打刦
城門六運不用五七
運癸辛吉一三八運
辛吉二四九運癸吉
四六運犯反伏吟凶

一運挨星九到山二到
向飛星山逆向順犯
上山山比和向剋出
凶

三八 七　七四 三　八三 二
向
五六 五　九二 一　四七 六
山
一一 九　二九 八　六五 四

二運挨星一到山三到向飛星山向均逆當旺山剋入吉向生入吉

山

二四 一	六八 六	四六 八
三五 九	一三 二	八一 四
七九 五	五七 七	九二 三

向

三運挨星二到山四到向飛星山向均順犯上山下水山生出凶向剋入吉

山

一三 二	六八 七	八一 九
九二 一	二四 三	四六 五
五七 六	七九 八	三五 四

向

四運挨星三到山五到向飛星山逆向順犯上山山比和吉向生入吉

山

四四 三	八九 八	六二 一
五三 二	三五 四	一七 六
九八 七	七一 九	二六 五

向

五運挨星四到山六到向飛星山向均順犯上山下水山剋出凶向生入吉

山		
三五 四	八一 九	一三 二
二四 三	四六 五	六八 七
七九 八	九二 一	五七 六
		向

六運挨星五到山七到向飛星山順向逆犯下水山剋出凶向比和吉

山		
四八 五	九三 一	二一 三
三九 四	五七 六	七五 八
八四 九	一二 二	六六 七
		向

七運挨星六到山八到向飛星山向均順犯上山下水山生出凶向剋出凶

山		
五七 六	一三 二	三五 四
四六 五	六八 七	八一 九
九二 一	二四 三	七九 八
		向

八運挨星七到山九到向飛星山向均逆當旺山剋出凶向生出凶

山		
八一 七	三五 三	一三 五
九二 六	七九 八	五七 一
四六 二	二四 四	六八 九
		向

九運挨星八到山一到向飛星山順向逆犯下水山生入吉向比和吉

山		
七二 八	三六 四	五四 六
六三 七	八一 九	一八 二
二七 三	四五 五	九九 一
		向

人元亥山巳向挨星圖

地運一百六十年

二八運當旺

一九運全局合十

一四運坎宮打刦

城門四運不用三五運乙丁吉二七九運乙一六八運丁吉

四六運犯反伏吟凶

一運挨星二到山九到
向飛星山順向逆犯
下水向比和吉山剋
出凶

向

一一 九	六五 五	八三 七
九二 八	二九 一	四七 三
五六 四	七四 六	三八 二

山

二運挨星三到山一到
向飛星山向均逆犯
旺山生入吉向剋入
吉

向

四二 一	八六 六	六四 八
五三 九	三一 二	一八 四
九七 五	七五 七	二九 三

山

三運挨星四到山二到
向飛星山向均順犯
上山下水山剋入吉
向生出凶

向

三一 二	八六 七	一八 九
二九 一	四二 三	六四 五
七五 六	九七 八	五三 四

山

四運挨星五到山三到向飛星山順向逆犯下水向比和山生入吉

向		
四四 三	九八 八	二六 一
三五 二	五三 四	七一 六
八九 七	一七 九	六二 五
		山

五運挨星六到山四到向飛星山向均順犯上山下水山生入吉向剋出凶

向		
五三 四	一八 九	三一 二
四二 三	六四 五	八六 七
九七 八	二九 一	七五 六
		山

六運挨星七到山五到向飛星山逆向順犯上山山比和吉向剋出凶

向		
八四 五	三九 一	一二 三
九三 四	七五 六	五七 八
四八 九	二一 二	六六 七
		山

七運挨星八到山六到
向飛星山向均順犯
上山下水山剋出凶
向生出凶

五三 四 一八 九 九七 八 山
三一 二 八六 七 四二 三
向 七五 六 六四 五 二九 一

八運挨星九到山七到
向飛星山向均逆當
旺山生出凶向剋出
凶

三一 五 七五 一 八六 九 山
五三 三 九七 八 四二 四
向 一八 七 二九 六 六四 二

九運挨星一到山八到
向飛星山逆向順犯
上山山比和吉向生
入吉

四五 六 八一 二 九九 一 山
六三 四 一八 九 五四 五
向 二七 八 三六 七 七二 三

人元乙山辛向挨星圖

地運四十年

三五七運當旺

一八運坎宮打刦

城門五七運不用六

運申亥吉一三四運

申二八九運亥吉

一運挨星八到山三到

向飛星山順向逆犯

下水山生入吉向比

和吉

	七四 九	三八 五	五六 七	
山	六五 八	八三 一	一一 三	向
	二九 四	四七 六	九二 二	

二運挨星九到山四到

向飛星山逆向順犯

上山山向均比和吉

	一三 一	五八 六	三一 八	
山	二二 九	九四 二	七六 四	向
	六七 五	四九 七	八五 三	

三運挨星一到山五到向飛星山向均逆當旺山剋入吉向剋出吉

	二六 二	六一 七	四八 九	
山	三七 一	一五 三	八三 五	向
	七二 六	五九 八	九四 四	

四運挨星二到山六到向飛星山向均順犯上山下水山生入吉向剋入吉

	一五 三	六一 八	八三 一	
山	九四 二	二六 四	四八 六	向
	五九 七	七二 九	三七 五	

五運挨星三到山七到向飛星山向均逆當旺山生入吉向剋出凶

	四八 四	八三 九	六一 二	
山	五九 三	三七 五	一五 七	向
	九四 八	七二 一	二六 六	

六運挨星四到山八到向飛星山向均順犯上山下水山生出凶向生入吉

	三七 五	八三 一	一五 三	
山	二六 四	四八 六	六一 八	向
	七二 九	九四 二	五九 七	

七運挨星五到山九到向飛星山向均逆當旺山生入吉向剋出凶

	六一 六	一五 二	八三 四	
山	七二 五	五九 七	三七 九	向
	二六 一	九四 三	四八 八	

八運挨星六到山一到向飛星山順向逆犯下水山向均比和吉

	五二 七	一六 三	三四 五	
山	四三 六	六一 八	八八 一	向
	九七 二	二五 四	七九 九	

九運挨星七到山二到
向飛星山逆向順犯
上山山比和吉向剋
出凶

向

八一 八	三六 四	一八 六
九九 七	七二 九	五四 二
四五 三	二七 五	六三 一

山

人元辛山乙向挨星圖
地運一百四十年
三五七運當旺
二九運離宮打刦
城門三五運不用四
運寅巳吉一二八運
巳
六七九運寅吉

一運挨星三到山八到
向飛星山逆向順犯
上山山比和吉向生
入吉

山

四七 九	八三 五	六五 七
五六 八	三八 一	一一 三
九二 四	七四 六	二九 二

向

二運挨星四到山九到向飛星山順向逆犯下水山向均比和吉

向				山
	三一 一	八五 六	一三 八	
	二二 九	四九 二	六七 四	
	七六 五	九四 七	五八 三	

三運挨星五到山一到向飛星山向均逆當旺山剋出凶向剋入吉

向				山
	六二 二	一六 七	八四 九	
	七三 一	五一 三	三八 五	
	二七 六	九五 八	四九 四	

四運挨星六到山二到向飛星山向均順犯上山下水山剋入吉向生入吉

向				山
	五一 三	一六 八	三八 一	
	四九 二	六二 四	八四 六	
	九五 七	二七 九	七三 五	

五運挨星七到山三到向飛星山向均逆當旺山剋出凶向生入吉

	八四 四	三八 九	一六 二	
向	九五 三	七三 五	五一 七	山
	四九 八	二七 一	六二 六	

六運挨星八到山四到向飛星山向均順犯上山下水山生入吉向生出凶

	七三 五	三八 一	五一 三	
向	六二 四	八四 六	一六 八	山
	二七 九	四九 二	九五 七	

七運挨星九到山五到向飛星山向均逆當旺山剋出凶向生入吉

	一六 六	五一 二	三八 四	
向	二七 五	九五 七	七三 九	山
	六二 一	四九 三	八四 八	

八運挨星一到山六到
向飛星山逆向順犯
上山山向均比和吉

向				山
	二五 七	六一 三	四三 五	
	三四 六	一六 八	八八 一	
	七九 二	五二 四	九七 九	

九運挨星二到山七到
向飛星山順向逆犯
下水山剋出凶向比
和吉

向				山
	一八 八	六三 四	八一 六	
	九九 七	二七 九	四五 二	
	五四 三	七二 五	三六 一	

人元丁山癸向挨星圖
地運一百年
五運獨旺
三七運全局合十
二四七九運坎宮打
劫
城門一三五運不用
六九運寅亥吉四七
運寅二八運亥吉

一運挨星五到山六到向飛星山逆向順犯上山山比和吉向生入吉

	山	
六五 九	一 五	八三 七
七四 八	五六 一	三八 三
二九 四	九二 六	四七 二
	向	

二運挨星六到山七到向飛星山順向逆犯下水山生出凶向比和吉

	山	
五八 一	一三 六	三一 八
四九 九	六七 二	八五 四
九四 五	二二 七	七六 三
	向	

三運挨星七到山八到向飛星山逆向順犯上山山比和吉向剋出凶

	山	
八七 二	三三 七	一五 九
九六 一	七八 三	五一 五
四二 六	二四 八	六九 四
	向	

四運挨星八到山九到向飛星山順向逆犯下水山剋出凶向比和吉

山

七一 三	三五 八	五三 一
六二 二	八九 四	一七 六
二六 七	四四 九	九八 五

向

五運挨星九到山一到向飛星山向均逆當旺山生出凶向剋入吉

山

一二 四	五六 九	三四 二
二三 三	九一 五	七八 七
六七 八	四五 一	八九 六

向

六運挨星一到山二到向飛星山逆向順犯上山山比和吉向生入吉

山

二一 五	六六 一	四八 三
三九 四	一二 六	八四 八
七五 九	五七 二	九三 七

向

七運挨星二到山三到向飛星山順向逆犯下水山生入吉向比和吉

	山	
一四 六	六八 二	八六 四
九五 五	二三 七	四一 九
五九 一	七七 三	三二 八
	向	

八運挨星三到山四到向飛星山逆向順犯上山山比和吉向剋出凶

	山	
四三 七	八八 三	六一 五
五二 六	三四 八	一六 一
九七 二	七九 四	二五 九
	向	

九運挨星四到山五到向飛星山順向逆犯下水山剋出凶向比和吉

	山	
三六 八	八一 四	一八 六
二七 七	四五 九	六三 二
七二 三	九九 五	五四 一
	向	

人元癸山丁向挨星圖

地運八十年

五運獨旺

三七運全局合十

一三六八運離宮打刼

城門五七九運不用

一四運巳申吉二八運巳吉三六運申吉

一運挨星六到山五到向飛星山順向逆犯下水山生入吉向比和吉

	向	
五六 九	一一 五	三八 七
四七 八	六五 一	八三 三
九二 四	二九 六	七四 二
	山	

二運挨星七到山六到向飛星山逆向順犯上山山比和吉向生出凶

	向	
八五 一	三一 六	一三 八
九四 九	七六 二	五八 四
四九 五	二二 七	六七 三
	山	

三運挨星八到山七到向飛星山順向逆犯下水山剋出凶向比和吉

向

七八 二	三三 七	五一 九
六九 一	八七 三	一五 五
二四 六	四二 八	九六 四

山

四運挨星九到山八到向飛星山逆向順犯上山山比和吉向剋出凶

向

一七 三	五三 八	三五 一
二六 二	九八 四	七一 六
六二 七	四四 九	八九 五

山

五運挨星二到山九到向飛星山向均逆當旺山剋入吉向生出凶

向

二一 四	六五 九	四三 二
三二 三	一九 五	八七 七
七六 八	五四 一	九八 六

山

六運挨星二到山一到向飛星山順向逆犯下水山生入吉向比和吉

	向	
一二 五	六六 一	八四 三
九三 四	二一 六	四八 八
五七 九	七五 二	三九 七
	山	

七運挨星三到山二到向飛星山逆向順犯上山山比和吉向生入吉

	向	
四四 六	八六 二	六八 四
五九 五	三二 七	一四 九
九五 一	七七 三	二三 八
	山	

八運挨星四到山三到向飛星山順向逆犯下水山尅出凶向比和吉

	向	
三四 七	八八 三	一六 五
二五 六	四三 八	六一 一
七九 二	九七 四	五二 九
	山	

九運挨星五到山四到
向飛星山逆向順犯
上山山比和吉向剋
出凶

	向	
六三 八	一八 四	八一 六
七二 七	五四 九	三六 二
二七 三	九九 五	四五 一
	山	

地元辰山戌向挨星圖

地運二十年

三五七運當旺

一四運離宮打刦

城門五七運不用六
運壬庚吉一三八運
壬二四九運庚吉

一運挨星九到山二到
向飛星山順向逆犯
下水山剋入吉向比
和吉

山		
八三 九	四七 五	六五 七
七四 八	九二 一	二九 三
三八 四	五六 六	一一 二
		向

二運挨星一到山三到向飛星山向均順犯上山下水山生出凶向剋出凶

山

九二 一	五七 六	七九 八
八一 九	一三 二	三五 四
四六 五	六八 七	二四 三

向

三運挨星二到山四到向飛星山向均逆當旺山剋出凶向生入吉

山

三五 二	七九 七	五七 九
四六 一	二四 三	九二 五
八一 六	六八 八	一三 四

向

四運挨星三到山五到向飛星山順向逆犯下水山生出凶向比和吉

山

二六 三	七一 八	九八 一
一七 二	三五 四	五三 六
六二 七	八九 九	四四 五

向

五運挨星四到山六到向飛星山向均逆當旺山生出凶向剋入吉

山

五七 四	九二 九	七九 二
六八 三	四六 五	二四 七
一三 八	八一 一	三五 六

向

六運挨星五到山七到向飛星山逆向順犯上山山比和吉向剋入吉

山

六六 五	一二 一	八四 三
七五 四	五七 六	三九 八
二一 九	九三 二	四八 七

向

七運挨星六到山八到向飛星山向均逆當旺山剋入吉向生入吉

山

七九 六	二四 二	九二 四
八一 五	六八 七	四六 九
三五 一	一三 三	五七 八

向

八運挨星七到山九到向飛星山向均順犯上山下水山生入吉向剋入吉

山		
六八 七	二四 三	四六 五
五七 六	七九 八	九二 一
一三 二	三五 四	八一 九
		向

九運挨星八到山一到向飛星山逆向順犯上山比和吉向生出凶

山		
九九 八	四五 四	二七 六
一八 七	八一 九	六三 二
五四 三	三六 五	七二 一
		向

地元戌山辰向挨星圖

地運一百六十年

三五七運當旺

六九運坎宮打刦

城門三五運不用四運丙甲吉二七九運丙一六八運甲吉

一運挨星二到山九到向飛星山逆向順犯上山山比和吉向剋入吉

向		
三八 九	七四 五	五六 七
四七 八	二九 一	九二 三
八三 四	六五 六	一一 二
		山

二運挨星三到山一到向飛星山向均順犯上山下水山剋出凶向生出吉凶

向		
二九 一	七五 六	九七 八
一八 九	三一 二	五三 四
六四 五	八六 七	四二 三
		山

三運挨星四到山二到向飛星山向均逆當旺山生入吉向剋出凶

向		
五三 二	九七 七	七五 九
六四 一	四二 三	二九 五
一八 六	八六 八	三一 四
		山

四運挨星五到山三到向飛星山逆向順犯上山山比和吉向生出凶

向		
六二 三	一七 八	八九 一
七一 二	五三 四	三五 六
二六 七	九八 九	四四 五
		山

五運挨星六到山四到向飛星山向均逆當旺山剋入吉向生出凶

向		
七五 四	二九 九	九七 二
八六 三	六四 五	四二 七
三一 八	一八 一	五三 六
		山

六運挨星七到山五到向飛星山順向逆犯下水山剋入吉向比和吉

向		
六六 五	二一 一	四八 三
五七 四	七五 六	九三 八
一二 九	三九 二	八四 七
		山

七運挨星八到山六到向飛星山向均逆當旺山生入吉向剋入吉

向		
九七 六	四二 二	二九 四
一八 五	八六 七	六四 九
五三 一	三一 三	七五 八
		山

八運挨星九到山七到向飛星山向均順犯上山下水山剋入吉向生入吉

向		
八六 七	四二 三	六四 五
七五 六	九七 八	二九 一
三一 二	五三 四	一八 九
		山

九運挨星一到山八到向飛星山順向逆犯下水山生出凶向比和吉

向		
九九 八	五四 四	七二 六
八一 七	一八 九	三六 二
四五 三	六三 五	二七 一
		山

地元丑山未向挨星圖

地運一百二十年

二五八運當旺

二八運全局合十

城門一三五八運不用二四九運丙庚吉

七運丙吉六運庚吉

四六運全局合三般卦

一運挨星四到山七到向飛星山逆向順犯上山山比和吉向剋入吉

向

五六 九	九二 五	七四 七
六五 八	四七 一	二九 三
一一 四	八三 六	三八 二

山

二運挨星五到山八到向飛星山向均逆當旺山向均比和吉

向

六九 一	一四 六	八二 八
七一 九	五八 二	三六 四
二五 五	九三 七	四七 三

山

三運挨星六到山九到向飛星山逆向順犯上山山比和吉向剋入吉

向

七八 二	二四 七	九六 九
八七 一	六九 三	四二 五
三三 六	一五 八	五一 四

山

四運挨星七到山一到向飛星山向均順犯上山下水山生出凶向剋出凶

向

六九 三	二五 八	四七 一
五八 二	七一 四	九三 六
一四 七	三六 九	八二 五

山

五運挨星八到山二到向飛星山向均逆當旺山向均比和吉

向

九三 四	四七 九	二五 二
一四 三	八二 五	六九 七
五八 八	三六 一	七一 六

山

六運挨星九到山三到向飛星山向均順犯上山下水山剋入吉向剋出吉

向

八二 五	四七 二	六九 三
七一 四	九三 六	二五 八
三六 九	五八 二	一四 七

山

七運挨星一到山四到向飛星山順向逆犯下水山生入吉向比和吉

向

九五 六	五九 二	七七 四
八六 五	一四 七	三二 九
四一 一	六八 三	二三 八

山

八運挨星二到山五到向飛星山向均逆當旺山向均比和吉

向

三六 七	七一 三	五八 五
四七 六	二五 八	九三 一
八二 二	六九 四	一四 九

山

九運挨星三到山六到
向飛星山順向逆犯
下水山剋出凶向比
和吉

		向
二七 八	七二 四	九九 六
一八 七	三六 九	五四 二
六三 三	八一 五	四五 一
山		

地元未山丑向挨星圖
地運六十年
二五八運當旺
二八運全局合十
城門二五七九運不
用一六八運甲壬吉
三運壬四運甲吉
四六運全局合三般
卦

一運挨星七到山四到
向飛星山順向逆犯
下水山剋入吉向比
和吉

		山
六五 九	二九 五	四七 七
五六 八	七四 一	九二 三
一一 四	三八 六	八三 二
向		

二運挨星八到山五到向飛星山向均逆當旺山向均比和吉

		山
九六 一	四一 六	二八 八
一七 九	八五 二	六三 四
五二 五	三九 七	七四 三
向		

三運挨星九到山六到向飛星山順向逆犯下水山剋入吉向比和吉

		山
八七 二	四二 七	六九 九
七八 一	九六 三	二四 五
三三 六	五一 八	一五 四
向		

四運挨星一到山七到向飛星山向均順犯上山下水山剋出凶向生出凶

		山
九六 三	五二 八	七四 一
八五 二	一七 四	三九 六
四一 七	六三 九	二八 五
向		

五運挨星二到山八到向飛星山向均逆當旺山向均比和吉

山

五二 二	九六 七	一七 六
七四 九	二八 五	六三 一
三九 四	四一 三	八五 八

向

六運挨星三到山九到向飛星山向均順犯上山下水山剋出凶向剋入吉

山

九六 三	五二 八	四一 七
七四 二	三九 六	八五 一
二八 五	一七 四	六三 九

向

七運挨星四到山一到向飛星山逆向順犯上山山比和吉向生入吉

山

七七 四	二三 九	三二 八
九五 二	四一 七	八六 三
五九 六	六八 五	一四 一

向

八運挨星五到山二到向飛星山向均逆當旺山向均比和吉

		山
六三 九	一七 三	八五 五
七四 六	五二 八	三九 一
二八 二	九六 四	四一 九
向		

九運挨星六到山三到向飛星山逆向順犯上山山比和吉向剋出凶

		山
七二 八	二七 四	九九 六
八一 七	六三 九	四五 二
三六 三	一八 五	五四 一
向		

地元甲山庚向挨星圖

地運四十年

四六運當旺

四六運全局合十

二九運坎宮打刦

城門六運不用五七運未戊吉一三四運戌二八九運未吉

三七運犯反伏吟凶

一運挨星八到山三到
向飛星山逆向順犯
上山山比和吉向生
出 凶　出

向

九二 九	四七 五	二九 七
一一 八	八三 一	六五 三
五六 四	三八 六	七四 二

山

二運挨星九到山四到
向飛星山順向逆犯
下水山向均比和吉

向

八五 一	四九 六	六七 八
七六 九	九四 二	二二 四
三一 五	五八 七	一三 三

山

三運挨星一到山五到
向飛星山向均順犯
上山下水山剋入吉
向剋出凶

向

九四 二	五九 七	七二 九
八三 一	一五 三	三七 五
四八 六	六一 八	二六 四

山

四運挨星二到山六到向飛星山向均逆當旺山剋出凶向生出則吉

山				向
	三七 三	七二 八	五九 一	
山	四八 二	二六 四	九四 六	向
	八三 七	六一 九	一五 五	

五運挨星三到山七到向飛星山向均順犯上山下水山剋入凶向生出凶

山				向
	二六 四	七二 九	九四 二	
山	一五 三	三七 五	五九 七	向
	六一 八	八三 一	四八 六	

六運挨星四到山八到向飛星山向均逆當旺山生出凶向生入吉

山				向
	五九 五	九四 一	七二 三	
山	六一 四	四八 六	二六 八	向
	一五 九	八三 二	三七 七	

七運挨星五到山九到向飛星山向均順犯上山下水山剋入吉向生出凶

	四八 六	九四 二	二六 四	
山	三七 五	五九 七	七二 九	向
	八三 一	一五 三	六一 八	

八運挨星六到山一到向飛星山逆向順犯上山山向均比和吉

	七九 七	二五 三	九七 五	
山	八八 六	六一 八	四三 一	向
	三四 二	一六 四	五二 九	

九運挨星七到山二到向飛星山順向逆犯下水向比和吉山剋入吉出凶

	六三 八	二七 四	四五 六	
山	五四 七	七二 九	九九 二	向
	一八 三	三六 五	八一 一	

地元庚山甲向挨星圖

地運一百四十年

四六運當旺

四六運全局合十

一八運離宮打刦

城門四運不用三五

運辰丑吉一二八運

丑六七九運辰吉三

七運犯反伏吟凶

一運挨星三到山八到向飛星山順向逆犯下水山生出凶向比和吉

山

二九 九	七四 五	九二 七
一一 八	三八 一	五六 三
六五 四	八三 六	四七 二

向

二運挨星四到山九到向飛星山逆向順犯上山山向均比和吉

山

五八 一	九四 六	七六 八
六七 九	四九 二	二二 四
一三 五	八五 七	三一 三

向

三運挨星五到山一到向飛星山向均順犯上山下水山剋出凶向剋入吉

向				山
	四九 二	九五 七	二七 九	
向	三八 一	五一 三	七三 五	山
	八四 六	一六 八	六二 四	

四運挨星六到山二到向飛星山向均逆當旺山生出凶向剋出凶

向				山
	七三 三	二七 八	九五 一	
向	八四 二	六二 四	四九 六	山
	八三 七	一六 九	五一 五	

五運挨星七到山三到向飛星山向均順犯上山下水山生出凶向剋入吉

向				山
	六二 四	二七 九	四九 二	
向	五一 三	七三 五	九五 七	山
	一六 八	三八 一	八四 六	

六運挨星八到山四到向飛星山向均逆當旺山生入吉向生出凶

	九五 五	四九 一	二七 三	
向	一六 四	八四 六	六二 八	山
	五一 九	三八 二	七三 七	

七運挨星九到山五到向飛星山向均順犯上山下水山生出凶向剋入吉

	八四 六	四九 二	六二 四	
向	七三 五	九五 七	二七 九	山
	三八 一	五一 三	一六 八	

八運挨星一到山六到向飛星山順向逆犯下水山向均和吉

	九七 七	五二 三	七九 五	
向	八八 六	一六 八	三四 一	山
	四三 二	六一 四	二五 九	

九運挨星二到山七到向飛星山逆向順犯上山山比和吉向剋入吉

向				山
	三六 八	七二 四	五四 六	
	四五 七	二七 九	九九 二	
	八一 三	六三 五	一八 一	

地元壬山丙向挨星圖

地運八十年

無當旺運

二四七九運離宮打刦

城門一四六運不用

五七九運未辰吉二八運未三運辰吉

一九運犯反伏吟凶

一運挨星六到山五到向飛星山逆向順犯上山山比和吉向生出凶

	向	
七四 九	二九 五	九二 七
八三 八	六五 一	四七 三
三八 四	一一 六	五六 二
	山	

二運挨星七到山六到向飛星山順向逆犯下水山生入吉向比和吉

向

六七 一	二二 六	四九 八
五八 九	七六 二	九四 四
一三 五	三一 七	八五 三

山

三運挨星八到山七到向飛星山逆向順犯上山山比和吉向剋入吉

向

九六 二	四二 七	二四 九
一五 一	八七 三	六九 五
五一 六	三三 八	七八 四

山

四運挨星九到山順行犯下水八到向逆行向比和山剋入吉

向

八九 三	四四 八	六二 一
七一 二	九八 四	二六 六
三五 七	五三 九	一七 五

山

五運挨星一到山九到向飛星山均順犯上山下水凶山生入向剋入吉

向		
九八 四	五四 九	七六 二
八七 三	一九 五	三二 七
四三 八	六五 一	二一 六
山		

六運挨星二到山逆行一到向順行犯上山凶向生入山比和吉

向		
三九 五	七五 一	五七 三
四八 四	二一 六	九三 八
八四 九	六六 二	一二 七
山		

七運挨星三到山二到向飛星山順向逆犯下水凶向生入比和吉

向		
二三 六	七七 二	九五 四
一四 五	三二 七	五九 九
六八 一	八六 三	四一 八
山		

八運挨星四到山三到向飛星山逆向順犯上山山比和吉向剋入吉

向

五二 七	九七 三	七九 五
六一 六	四三 八	二五 一
一六 二	八八 四	三四 九

山

九運挨星五到山四到向飛星山順向逆犯下水山剋入吉向比和吉

向

四五 八	九九 四	二七 六
三六 七	五四 九	七二 二
八一 三	一八 五	六三 一

山

地元丙山壬向挨星圖

地運一百年

無當旺運

一三六八運坎宮打刦

城門六九運不用一三五運丑戌吉四七運戌二八運丑吉

一九運犯反伏吟凶

一運挨星五到山六到向飛星山順向逆犯下水山生出凶向比和吉

	山	
四七 九	九二 五	二九 七
三八 八	五六 一	七四 三
八三 四	一一 六	六五 二
	向	

二運挨星六到山七到向飛星山逆向順犯上山山比和吉向生入吉

	山	
七六 一	二二 六	九四 八
八五 九	六七 二	四九 四
三一 五	一三 七	五八 三
	向	

三運挨星七到山八到向飛星山順向逆犯下水山剋入吉向比和吉

	山	
六九 二	二四 七	四二 九
五一 一	七八 三	九六 五
一五 六	三三 八	八七 四
	向	

四運挨星八到山九到向飛星山逆向順犯上山山比和吉向剋入吉

	山	
九八 三	四四 八	二六 一
一七 二	八九 四	六二 六
五三 七	三五 九	七一 五
	向	

五運挨星九到山一到向飛星山向均順犯上山下水山剋出凶向生入吉

	山	
八九 四	四五 九	六七 二
七八 三	九一 五	二三 七
三四 八	五六 一	一二 六
	向	

六運挨星一到山二到向飛星山順向逆犯下水山生出凶向比和吉

	山	
九三 五	五七 一	七五 三
八四 四	一二 六	三九 八
四八 九	六六 二	二一 七
	向	

七運挨星二到山三到
向飛星山逆向順犯
上山山比和吉向生
出凶

	山	
三二 六	七七 二	五九 四
四一 五	二三 七	九五 九
八六 一	六八 三	一四 八
	向	

八運挨星三到山四到
向飛星山順向逆犯
下水山尅入吉向比
和吉

	山	
二五 七	七九 三	九七 五
一六 六	三四 八	五二 一
六一 二	八八 四	四三 九
	向	

九運挨星四到山五到
向飛星山逆向順犯
上山山比和吉向尅
入吉

	山	
五四 八	九九 四	七二 六
六三 七	四五 九	二七 二
一八 三	八一 五	三六 一
	向	

則先謹按向旁天盤遇五黃汪氏原版不分陰陽概作城門蓋其意以爲與本元之氣已通可弗復論陽順陰逆而　厌民先生則以不分陰陽爲并一一爲之改正間嘗推原其故而深信陰陽之不容或混何也試舉一運之辰巽巳三向以例其餘天盤一白入中五黃到離此五黃即變相之坎一亦即流行之壬子癸子爲天元癸爲人元均屬陰逆行立巽向巳向亦天人也自可作城門論若立辰向辰乃地元應配同元之壬壬屬陽順行則旺氣不能挨到城門矣味乎此則陰陽之當分也明甚蔣杜陵謂此氣無異中宮之氣以同元可用其意亦不外辨山向與中宮同元之陰陽以定取舍耳蓋城門以用陰逆飛取旺爲不易之定理非特五黃爲然餘字亦莫不然也恐初學不明其所以然特爲剖晰言之俾舉一反三並以知　先生改正

之眞銓耳又按五行生剋山向爲重靑囊奧語之所謂從外生入從內生出者係指穴內所向之氣爲對象乃從具體立論非僅就山向兩星互辨生剋也然欲論山向之生剋必先辨賓主之誰屬論山當以山盤爲主向盤爲賓論向則以向盤爲主山盤爲賓此地理精編生尅篇之所言爲不謬也江氏原版純以山爲主向爲客以定生尅是山合而向背矣顧江氏於賓主之義殆沒於後先之說似猶未深思而明辨也今亦爲之一一更正幸閱者察之然生尅之說不僅止此更有以山向飛星與天盤相較量者是在閱者之實地印證而已以吉凶論世固以生入尅入比和爲吉而以生出尅出爲凶然尅出亦不一其詞有以向首尅出爲吉者其說基於我尅者爲財似亦言之成理也總之宅兆以向星爲君五行生尅之蘊釀休咎其力遠遜

於向星之衰旺則不移之理也

九運二十四山向中宮飛星配卦分金表

謹案　先生與袁香溪論分金法係將中宮及山向飛星配成一卦即以此卦爻與先天六十四卦爻互校無反伏吟者用之有則避之飛星逢五則一運寄坎二坤三震四巽六乾七兌八艮九離五運逢五則子午寄坎離壬癸丙丁同卯酉寄震兌甲乙庚辛同巽乾寄巽乾辰巳戌亥同艮坤寄艮坤寅丑申未同茲將山向中宮每運飛星所配之卦列表如左八國從略學者可例推也

子山午向向首先天卦爲乾姤二卦夬大過半卦

元運	向首	中宮	坐山	五寄宮
一	一一坎	五六需	九二晉	坎

二	一三屯	六七履	二二坤	坤
三	三三震	七八咸	二四升	震
四	三五恆	八九賁	四四巽	巽
五	五六大有	九一未濟	四五渙	離坎
六	六六乾	一二比	五七履	乾
七	六八遯	二三復	七七兌	兌
八	八八艮	三四恆	七九革	艮
九	八一蒙	四五家人	九九離	離

午山子向向首先天卦爲坤復二卦剝頤半卦

一	二九明夷	六五訟	一一坎	坎
二	二二坤	七六夬	三一解	坤

三	四二觀	八七損	三三震	震
四	四四巽	九八旅	五三益	巽
五	五四井	一九既濟	五六同人	坎離
六	七五夬	二一師	六六乾	乾
七	七七兌	三二豫	八六大畜	兌
八	九七睽	四三益	八八艮	艮
九	九九離	五四鼎	一八蹇	離

卯山酉向向首先天卦爲師遯二卦、蒙咸半卦。

一	一一坎	三八小過	五六需	坎
二	六七履	四九家人	二二坤	坤
三	三八小過	五一解	七三隨	震

四　八四蠱　六二否　四九家人　巽
五　五一困　七三隨　九九噬嗑　兌震
六　一六需　八四蠱　六二否　乾
七　七三隨　九五睽　二七臨　兌
八　八八艮　一六需　三四恆　艮
九　四五家人　二七臨　九九離　離

酉山卯向，向首先天卦爲同人臨二卦，革損半卦

一　六五訟　八三頤　一一坎　坎
二　二二坤　九四鼎　七六夬　坤
三　三七歸妹　一五屯　八三頤　震
四　九四鼎　二六泰　四八漸　巽

五	五九豐	七三歸妹	一五節	震兌
六	二六泰	四八漸	六一訟	乾
七	七二萃	五九革	三七歸妹	兌
八	四三益	六一訟	八八艮	艮
九	九九離	七二萃	五四鼎	離

乾山巽向向首先天卦爲履泰二卦兌大畜半卦

一	一一坎	九二晉	八三頤	坎
二	二四升	一三屯	九二晉	坤
三	一三屯	二四升	三五震	震
四	四四巽	三五恆	二六泰	巽
五	三五大壯	四六小畜	五七中孚	巽乾

六　四八漸　五七履　六六乾　乾

七　五七兌　六八遯　七九革　兌

八　八一蒙　七九革　六八遯　艮

九　七二萃　八一蒙　九九離　離

巽山乾向向首先天卦爲謙否二卦。艮萃半卦。

一　三八小過　二九明夷　一一坎　坎

二　二九明夷　三一解　四二觀　坤

三　五三震　四二觀　三一解　震

四　六二否　五三益　四四巽　巽

五　七五大過　六四姤　五三无妄　乾巽

六　六六乾　七五夬　八四蠱　乾

七	九七睽	八六大畜	七五兌	兌
八	八六大畜	九七睽	一八蹇	艮
九	九九離	一八蹇	二七臨	離

艮山坤向向首先天卦爲升訟二卦蠱困半卦

一	一一坎	七四大過	四七中孚	坎
二	五二坤	八五剝	二八謙	坤
三	三三震	九六大有	六九同人	震
四	四一渙	一七節	七四大過	巽
五	八五艮	二八謙	五二坤	坤艮
六	六三无妄	三九豐	九六大有	乾
七	一四井	四一渙	七七兌	兌

八	二八謙	五二剝	八五艮	艮
九	三六大壯	六三无妄	九九離	離

坤山艮向向首先天卦爲无妄明夷二卦。（隨賁）半卦。

一	七四大過	四七中孚	一一坎	坎
二	八二剝	五八謙	二五坤	坤
三	九六大有	六九同人	三三震	震
四	四七中孚	七一困	一四井	巽
五	二五坤	八二剝	五八艮	艮坤
六	六九同人	九三噬嗑	三六大壯	乾
七	七七兌	一四井	四一渙	兌
八	五八艮	二五謙	八二剝	艮

九	九九離	三六大壯	六三无妄	離

寅山申向向首先天卦。爲未濟、解二卦。困半卦。

運				
一	一一坎	七四大過	四七中孚	坎
二	五二坤	八五剝	二八謙	坤
三	三三震	九六大有	六九同人	震
四	四一渙	一七節	七四大過	巽
五	八五艮	二八謙	五二坤	坤艮
六	六三无妄	三九豐	九六大有	乾
七	一四井	四一渙	七七兌	兌
八	二八謙	五二剝	八五艮	艮
九	三六大壯	六三无妄	九九離	離

申山寅向向首先天卦為既濟家人二一卦賁半卦

一	七四大過	四七中孚	一一坎	坎
二	八二剝	五八謙	二五坤	坤
三	九六大有	六九同人	三三震	震
四	四七中孚	七一困	一四井	巽
五	二五坤	八二剝	五八艮	艮坤
六	六九同人	九三噬嗑	三六大壯	乾
七	七七兌	一四井	四一渙	兌
八	五八艮	二五謙	八二剝	艮
九	九九離	三六大壯	六三无妄	離

巳山亥向向首先天卦為晉豫二一卦萃半卦

一	三八 小過	二九 明夷	一一 坎	坎
二	二九 明夷	三一 解	四二 觀	坤
三	五三 震	四二 觀	三一 解	震
四	六二 否	五三 益	四四 巽	巽
五	七五 大過	六四 姤	五三 无妄	乾巽
六	六六 乾	七五 夬	八四 蠱	乾
七	九七 睽	八六 大畜	七五 兌	兌
八	八六 大畜	九七 睽	一八 蹇	艮
九	九九 離	一八 蹇	二七 臨	離

亥山巳向。向首先天卦。為需小畜二卦。大畜半卦。

一	一一 坎	九二 晉	八三 頤	坎

二	二四升	一三屯	九二晉	坤
三	一三屯	二四升	三五震	震
四	四四巽	三五恆	二六泰	巽
五	三五大壯	四六小畜	五七中孚	巽乾
六	四八漸	五七履	六六乾	乾
七	五七兌	六八遯	七九革	兌
八	八一蒙	七九革	六八遯	艮
九	七二萃	八一蒙	九九離	離

乙山辛向向首先天卦為小過旅二卦。咸半卦。

一	一一坎	三八小過	五六需	坎
二	六七履	四九家人	二二坤	坤

三	三八小過	五一解	七三隨	震
四	八四蠱	六二否	四九家人	巽
五	五一困	七三隨	九五噬嗑	兌震
六	一六需	八四蠱	六二否	乾
七	七三隨	九五睽	二七臨	兌
八	八八艮	一六需	三四恆	艮
九	四五家人	二七臨	九九離	離

辛山乙向。向首先天卦爲節中孚二卦。損半卦。

一	六五訟	八三頤	一一坎	坎
二	二二坤	九四鼎	七六夬	坤
三	三七歸妹	一五屯	八三頤	震

四	九四鼎	二六泰	四八漸	巽
五	五九豐	三七歸妹	一五節	震兌
六	二六泰	四八漸	六一訟	乾
七	七二萃	五九革	三七歸妹	兌
八	四三益	六一訟	八八艮	艮
九	九九離	七二萃	五四鼎	離

丁山癸向。向首先天卦。為屯益二卦。頤半卦。

一	二九明夷	六五訟	一一坎	坎
二	二二坤	七六夬	三一解	坤
三	四二觀	八七損	三三震	震
四	四四巽	九八旅	五三益	巽

五	五四井	一九既濟	六五同人	坎離
六	七五夬	二一師	六六乾	乾
七	七七兌	三二豫	八六大畜	兌
八	九七睽	四三益	八八艮	艮
九	九九離	五四鼎	一八蹇	離

癸山丁向向首先天卦爲鼎恆二卦大過半卦

一	一一坎	五六需	九二晉	坎
二	一三屯	六七履	二二坤	坤
三	三三震	七八咸	二四升	震
四	三五恆	八九賁	四四巽	巽
五	五六大有	九一未濟	四五渙	離坎

六	六六 乾	一二 比	五七 履	乾
七	六八 遯	二三 復	七七 兌	兌
八	八八 艮	三四 恆	七九 革	艮
九	八一 蒙	四五 家人	九九 離	離

辰山戌向。向首先天卦爲漸、蹇二卦。艮半卦。

一	一一 坎	二九 明夷	三八 小過	坎
二	四二 觀	三一 解	二九 明夷	坤
三	三一 解	四二 觀	五三 震	震
四	四四 巽	五三 益	六二 否	巽
五	五三 无妄	六四 姤	七五 大過	乾巽
六	八四 蠱	七五 夬	六六 乾	乾

七	七五兌	八六大畜	九七暌	兌
八	一八蹇	九七暌	八六大畜	艮
九	二七臨	一八蹇	九九離	離

戌山辰向，向首先天卦爲歸妹、暌二卦，兌半卦。

一	八三頤	九二晉	一一坎	坎
二	九二晉	一三屯	三四升	坤
三	三五震	二四升	一三屯	震
四	二六泰	三五恆	四四巽	巽
五	五七中孚	四六小畜	三五大壯	巽乾
六	六六乾	五七履	四八漸	乾
七	七九革	六八遯	五七兌	兌

八　六八遯　七九革　八一蒙　艮

九　九九離　八一蒙　七二萃　離

丑山癸向向首先天卦爲巽井二卦蠱半卦

一　四七中孚　七四大過　一一坎　坎

二　二八謙　八五剝　五二坤　坤

三　六九同人　九六大有　三三震　震

四　七四大過　一七節　四一渙　巽

五　五二坤　二八謙　八五艮　坤艮

六　九六大有　三九豐　六三无妄　乾

七　七七兌　四一渙　一四井　兌

八　八五艮　五二剝　二八謙　艮

九　九九離　六三无妄　三六大壯　離

未山丑向。向首先天卦。爲震噬嗑二卦。隨半卦。

一　一一坎　四七中孚　七四大過　坎

二　二五坤　五八謙　八二剝　坤

三　三三震　六九同人　九六大有　震

四　一四井　七一困　四七中孚　巽

五　五八艮　八二剝　二五坤　艮坤

六　三六大壯　九三噬嗑　六九同人　乾

七　四一渙　一四井　七七兌　兌

八　八二剝　二五謙　五八艮　艮

九　六三无妄　三六大壯　九九離　離

甲山庚向向首先天卦爲渙坎二卦蒙半卦

一	五六需	三八小過	一一坎	坎
二	二二坤	四九家人	六七履	坤
三	七三隨	五一解	三八小過	震
四	四九家人	六二否	八四蠱	巽
五	九五噬嗑	七三隨	五一困	兌震
六	六二否	八四蠱	一六需	乾
七	二七臨	九五節	七三隨	兌
八	三四恆	一六需	八八艮	艮
九	九九離	二七臨	四五家人	離

庚山甲向向首先天卦爲豐離二卦革半卦

一	一一坎	八三頤	六五訟	坎
二	七六夬	九四鼎	二二坤	坤
三	八三頤	一五屯	三七歸妹	震
四	四八漸	二六泰	九四鼎	巽
五	一五節	三七歸妹	五九豐	震兌
六	六一訟	四八漸	二六泰	乾
七	三七歸妹	五九革	七二萃	兌
八	八八艮	六一訟	四三益	艮
九	五四鼎	七二萃	九九離	離

壬山丙向。向首先天卦。爲大壯大有二卦。夬半卦。

一	九二晉	五六需	一一坎	坎

二	二二坤	六七履	一三屯	坤
三	二四升	七八咸	三三震	震
四	四四巽	八九賁	三五恆	巽
五	四五渙	九一未濟	五六大有	離坎
六	五七履	一二比	六六乾	乾
七	七七兌	二三復	六八遯	兌
八	七九革	三四恆	八八艮	艮
九	九九離	四五家人	八一蒙	離

丙山壬向向首先天卦爲觀比二卦剝半卦

一	一一坎	六五訟	二九明夷	坎
二	三一解	七六夬	二二坤	坤

三	三三震	七八損	二四觀	震
四	三五益	八九旅	四四巽	巽
五	五六同人	九一既濟	四五井	坎離
六	六六乾	一二師	五七夬	乾
七	六八大畜	二三豫	七七兌	兌
八	八八艮	三四益	七九睽	艮
九	八一蹇	四五鼎	九九離	離

右表山向中宮飛星配卦盡此矣。惟分金時與先天卦爻互校。必明卦之順逆排法。始知犯反伏吟者。為內卦。為外卦。按張心言卦爻排法。以乾坤坎離四卦為陽。震巽艮兌四卦為陰。內卦外卦。陽見陽陰見陰。則順排。順排者。如乾卦初爻近丁。上爻近丙者。是。內卦。外卦。陽見陰陰見

陽。則逆排。逆排者。如姤卦初爻近丙。上爻近丁者是。六十四卦。每卦六爻。照此逆順排去。其於避反伏吟也。可無遺憾矣。志伊識

玄空淺說

江迂生著

子思子曰親喪三日而殯三月而葬凡附於棺附於身者必誠必信勿之有悔焉耳矣左氏傳曰天子七月而葬諸侯五月大夫三月士踰月禮曰葬者藏也欲人弗得見也顧亭林先生云停喪之事自古所無自建安離析永嘉播遷於是有不得已而停者然魏晉之制祖父未葬者不得服官齊烏程令顧昌元父法秀北征尸骸不反昌元宴樂游嬉無異常人有司請加清議唐朔方令鄭延祚殯母僧舍坦地二十九年顏眞卿劾之終身不齒宋劉昺以不葬父母貶官此可昭炯戒者也司馬溫公云人之所貴乎有子孫者爲身後能葬其形骸也古者未葬不除服食粥居廬哀親之未有所歸也今之人悖禮違法未葬除喪從官四方食稻衣錦飲酒作樂甚至終身不葬或累世不葬迨子孫衰替亡失

處所有欲塟而不可得者。嗚呼。曷若無子孫者死於道路。猶有仁者見而埋之耶。袁了凡先生云。為父母者。生為子作馬牛。力雖憊猶不肯偷一日之閒。死為子棄溝壑。骨且朽尚不獲受一坏之庇。念及此。父母一日不塟。子心一日能安乎。揆不塟之故。有因經費艱難。財力不給者。葬事稱家有無、負土成墳可也。有慮山向矛盾。年月不利者。今年不利改卜明年可也、有因兄弟衆多。互相推諉者。親喪固所自盡一人任之可也。有因入仕經商。遠離鄉井者。停喪不葬以求富貴不孝之甚者也。不知古人過廬墓則悽愴。過宗廟則怵惕。偶一觸目。尚覺恫心。今一任父母之棺。粘挂蛛絲。縱橫鼠迹。對妻子則宴笑自若。燕親朋則綢繆盡歡。朝出暮入則偃息在牀。夢魂貼席。可乎不可。且意外之變。防不勝防。保無寇發盜生。而罹兵災之厄乎。保無簷穿墉損。而受風雨之侵乎。保無瓦墮牆頹。而遭覆壓之患乎。保無秋高野燒。而被焚毀之慘乎。由是言之。非直不忍停。而亦不敢久停矣。此皆昔賢勸葬之文。可謂言之至詳且盡。雖然葬必擇地。古人已言。儀禮既夕。筮宅。家人物土。相也。相其地可葬者。乃營之。孝經云。卜其宅兆而安厝之。鄭註。宅墓穴也。塋兆域也。葬事大。故卜之。夫曰相曰卜。知古人擇地。其必有道矣。後世儒者以爲卜地之義。不過求其不爲風水所侵。蟲蟻所蝕。城郭道路。溝渠耕犂所及。非若陰陽家吉凶禍福之說。其持論正矣。然於陰陽消長之理。或恐未之前聞。夫卜地多在山間。城郭諸害避無庸避。惟山形高而水性下。空窩陡壍界水所滙。則水積而敗棺。山有起伏。伏處招風。凹風所乘。則蟻叢而蝕骨。此有形可避者也。乃有無風無水無蟻之地。葬之而凶禍不免者。此不關乎地勢。蓋其中有天運焉。運旺則興。運衰則敗。子思子曰。上律天時。下襲水土。故善言地理者。必求其端於天時。而後陰陽消長之機。

麗於虛者可得而徵諸實矣。昔者公劉遷豳，曰：相其陰陽，觀其流泉。周公卜洛，曰：澗水東，瀍水西，惟洛食。此後世言巒頭者所自祖。易曰：河出圖，洛出書，聖人則之。圖者一六同宗（坤艮也。天一生水，地六成之。）（申箋詩註曰：一六之坤艮，卽先天卦位也。）二七同道（巽坎也。地二生火，天七成之。）三八爲朋（離震也。天三生木，地八成之。）四九爲友（兌乾也。地四生金，天九成之。）五十同途（戊己也。天五生之，地十成之。）一生一成，以配先天卦而五行備焉。書者戴九履一（離火位南，坎水位北。）左三右七（震木位東，兌金位西。）二四爲肩（坤土位西南，巽木位東南。）六八爲足（乾金位西北，艮土位東北。）五十居中（戊陽土，己陰土，居中。）合十對待，以配後天卦而五行寓焉。此後世言理氣者所自祖。古人有言：爲人子者，不可不知地理。言葬親大事，非可假手於不學無術之地師。（今日地師多用三合，其講三合者，皆係僞訣，未得眞傳也。）人子誠講求巒頭理氣，體用兼賅，其於卜地也何有。惟是讀巒頭書，如葬經、撼龍、疑龍經、山洋指迷，人人能解；理氣書講玄空者，惟蔣大鴻之地理辨正，雖有章仲山直解、溫明遠續解、均以天機不可洩漏眞訣祕而不宣鄙人不幸年十三喪母二十八喪父爲葬親計從事相墓三十餘年雖讀蔣氏書苦不得門而入故所卜雖得地勢不合天心葬後耗財損丁咎徵迭見壬戌冬幸獲錢塘 沈竹礽先生所註仲山宅斷研求半年始明下卦起星之法蔣書疑義迎刃而解甲子九月卜一申山寅向地遷葬二親至是吾親之體魄安而吾之心亦安矣然天下人子思卜地以葬親誰不如我鄙人鑒前人祕密之謬與先生哲嗣瓞民觀察搜羅遺著編輯成書名曰沈氏玄空學公之於世惟沈書根源河洛與三合庸術迥殊山向吉凶隨運變易不明易理盤理索解無從茲將玄空簡明要訣表著於篇學者或知所從入焉

卜地用羅盤有楊蔣兩種講玄空以用蔣盤爲便盤中紅黑係將二十

四山分天地人三元。天元爲父母。以子午卯酉爲陰。乾巽艮坤爲陽。人元爲順子。以乙辛丁癸爲陰。寅申巳亥爲陽。地元爲逆子。以辰戌丑未爲陰。甲庚壬丙爲陽。戊己之陰陽。以山向爲準。又將洛書之數。一白貪狼水配壬子（即坎）癸。二黑巨門土配未坤申。三碧祿存木配甲卯（即震）乙。四綠文曲木配辰巽巳。六白武曲金配戌乾亥。七赤破軍金配庚酉（即兌）辛。八白輔星土配丑艮寅。九紫弼星火配丙午（即離）丁。五黃廉貞土配戊己中。挨星時將用之元運。（即天心正運之一卦、每運當旺之令星也。）不論陰陽入中順挨（入中者一運一入中、二運二入中九運皆然。）此挨星名曰父母卦。（山向飛星由此定故稱父母）再將山向挨得之星入中。分陰逆陽順飛去。（順者自五至六七八九一二三四、逆者自五至四三二一九八七六。）山上飛星曰地卦。向上飛星曰天卦。經云天地父母三般卦。又云顛顛倒。二十四山有珠寶。順逆行。二十四山有火坑。即此。（顛倒逆行也。應逆者逆故爲珠寶。順順行也。應順者逆故爲火坑。極言挨星之不可誤如此。）今舉一運爲例。一運一入中則二乾三兌四艮五離六坎七坤八震九巽如用子山午向則六到山五到向先將到山之六入中順飛（六卽乾陽故順）七乾八兌九艮一離二坎三坤四震五巽又將向上之五入中逆飛（五到午爲陰故五卽己土逆行）六巽七震八坤九坎一離二艮三兌四乾是一運之子午向旺而山不旺何以故一爲本運令星必山上飛星一到山向上飛星一到向方爲旺山旺向若山上令星到向爲下水主喪丁向上令星到山爲上山主破財今山上飛星犯下水故不旺（上山而穴後有水下水而向上有山卽不忌）此卽挨星祕中之祕所謂千金難買此玄文者也舉一運爲例餘類推惟五運五居中八卦各居本位不動名曰元旦盤二十四山旺向得十二局與他運不同耳

挨星如此披露恐初學未能舉一反三再將九運中旺山旺向逐一說明學者卽不解挨星亦可依運卜葬矣旺山旺向者二八運爲乾巽巳

亥丑未三七運爲卯酉乙辛辰戌四六運爲艮坤寅申甲庚五運爲子午卯酉乙辛丁癸辰戌丑未以上四十八局凡在二十年旺運中均可用事一出運卽不宜妄動矣慈善家捐設義塚實爲無量功德惟所葬之骨無後者居多雖有益於枯骨已無補於血食似不若用族葬法擇高燥地多購數畝照上例旺山旺向聽人按次下葬庶幾根荄得氣枝葉自榮存歿均安豈不勝義塚萬萬耶依上法一九兩運無當旺之山向壬丙兩向無當旺之元運然取挨星合十法則一九運有乾巽巳亥四向可用取北斗打刼法則一運有午丁戌三向九運有卯乙乾亥四向可用若丙向之二四七運壬向之三七運均有打刼可取又有城門訣丙向二運未三運辰五七運未辰均吉壬丙向三五運丑戌七運戌八運丑均吉可以補缺憾也申筆詩批曰丙向八運亦在未六運亦在辰九運亦在未辰壬向一運亦在丑戌四運亦在戌三運亦在丑汪氏於城門訣逢五不用實誤山向有犯反伏吟者一九運之壬丙二五八運之艮坤寅申三七運之甲庚四六運之乾巽巳亥皆是用之主家破人亡習玄空僞術者四運以乾巽巳亥爲旺眞誤盡蒼生者也○中筆

三元九運者將六十甲子分爲上中下三元（詩批曰反伏吟須順行若逆行便到山到向故不列子午癸丁等陰卦）一元六十年又分爲三運每運二十年故三元九運共一百八十年周而復始如同治三年甲子交上元前二十年爲一運中二十年爲二運後二十年爲三運民國十三年甲子交中元此六十年分爲四五六運後甲子六十年爲下元分爲七八九運玄空挨星之起原在此

扦穴有一定之理出於天然不可勉立旺向天然者如龍係天元坐山朝向水口亦必天元斯爲一卦純清若雜他元即龍眞穴的亦應減等人地兩元同法將來龍過峽入首處用羅盤格清如入首爲子字左旋結穴必艮山坤向右旋結穴必乾山巽向水口即城門在午方與子龍相對者爲正格若變格則坤向在酉巽向在卯蓋龍與穴經四位向與水亦經四位合此者眞不合者僞也

卜地倘限於地勢如四運甲庚當旺而天然之穴爲卯酉五運迫不及待不妨作內外兩向內卯酉而外甲庚交五運仍改卯酉正向可也丑未艮坤同例◯中箋詩曰根據沈竹礽先生筆記自卜壽藏一則不善用者仍宜審愼又有城門一吉者法將元運挨到水口之星陽順不用若陰逆則飛到城門者卽令星山旺而向不旺者用城門補救之經云城門一訣最爲良者此也葬必擇日取太陽到山到向到三合方爲最便蔣盤有二十四節氣如子山午向太陽大寒立春到子山秋分寒露到辰小滿芒種到申與子爲三合大暑立秋到午向小雪大雪到寅春分淸明到戌與午爲三合於諸節氣中擇安葬吉日用之拘拘合亡命生命無益也惟本年太歲五黃三煞臨山臨向不宜用事中箋詩曰蔡最白眞步堂三煞五黃臨向不臨山者仍用之究有未妥

葬必定向三合家喜作兼向不知多犯差錯出卦如午向兼丁倘可兼

丙即犯差錯。丙兼午亦然。兼巳則出卦矣。丁兼午尚可。兼未亦出卦矣。若於天元之子午卯酉。乾巽艮坤。不敢用正向。止可挨人元一二分。至人地兩元。以作正向。不兼爲善。兼則非差錯。即出卦矣。有時須兼向取旺。止宜用替卦。然二十四山。止有十三向可用。壬巨艮丙破甲申貪庚寅弼巽巳武。均陽入中順行。卯乙巨辰武丑破。均陰入中逆行。恰好本運令星挨到向首則可兼。否則甯作內外兩向。尚無咎也。

玄空分金法。乃將先天六十四卦爻。與山向中宮之飛星。配卦相較。避反伏吟不用。又將六十甲子納音五行。與山向挨星五行相較。虛者補之。實者洩之。非三合家吉凶坐度之說也。

地運之長短。視向上令星入中爲準。名曰入囚。如一運午向令星爲五。五運入中即囚矣。今將二十四山地運之長短列後。

戌乾亥二十年庚酉辛四十年丑艮寅六十年丙午丁八十年壬子癸一百年未坤申一百二十年甲卯乙一百四十年辰巽巳一百六十年

此爲小三元地運之大略若龍眞穴的挨星滿盤顧注者名曰三元不敗不在此限又令星本位有水者囚不住

以上所說於理氣上乘作用大端巳具學者神而明之卜地葬親實無難事惟求地必先種德心地既善陰地自佳倘無德之家妄圖吉穴卽使倖獲亦遭天譴如蔭木爲颶風所拔來脈爲蛟龍所傷或造廟宇以阻塞明堂或築塘堰而更動水口有此變端則福未必邀禍不旋踵戒之慎之謹貢芻蕘以備采擇

右說爲仁人孝子思葬其親者言耳然世有一種守財奴甯久停親柩不葬决不肯一破慳囊忘親者多絕嗣宛其死矣他人入室若敖之鬼

巳耳。又有學究腐儒停棺不葬。見人卜地反爲朽骨求富貴。作刻薄語謗人。已則不孝而忌他人之孝。眞別具肺肝者矣。更有置身學校、自號文明。動以卜地葬親、斥爲迷信。甚至沾染東洋惡習。提倡火葬。謂可節有用金錢、不知殘毀他人屍體。律有明條。况以子孫而燬其祖先。慘無人道。與梟獍何異哉、吾知若輩必以此說爲讕言囈語、知我罪我聽之悠悠之口而已、

頁	面	格	圖	行	字	誤	正
四	上	二		三	第八字		和字刪
六	上	一		五	第四字		六字刪
六	上	三		七	第三字	五	六
七	下	二		六	第三字		一字刪
七	下	二		六	第五字		七字刪
七	下	二		八	第四字下		脫一字
九	上	二		五	末		脫山字
十	上	一		二	第五字下		脫向字
十	上	二		三	第四字下		脫山字
十一	上	一		六	第一字		一字刪
[illegible]	[illegible]	[illegible]		[illegible]	[illegible]	[illegible]	[illegible]
十二	上		二	一	第四字	九六九	八六九
十二	下	二		五	第三字下		脫九字
十二	下	二		六	第一字		九字刪
十四	上	三		六	第一字		一字刪
十四	上	三		六	第四字下		脫吉字
十七	上		二	三	第三字	五二五	三五五
十七	上	三		三	末		脫和字
二六	上	一		八	第四字	己	巳
二六	上	一		九	第二字	己	巳
二七	上		二	三	第一字	一四六	四一六
二九	上	二		三	第二字下		脫山字
二九	下	二		四	第四字	吉	凶

頁	面			行	字	誤	正
三四	[illegible]		一	三	第二字	三六九	三六七
三四	下	一		四		凶出	出凶
三五	上	二		三	末	凶	吉
三五	下	三		四		出凶	入吉
三六	下		二	三	末	三八七	八三七、
三七	上	三		三	第五字下		脫比字
三八	下	一		二	第四字下		脫向字
三八	下	一		四	第一字下	入吉	出凶
三八	下	二		三	第四字下	入	出
三八	下	三		三	第三字下	向生入山比和吉	山生出凶向比和吉
三九	上	二		三	第七字下		脫比字
四十	中縫					壬山丙	丙山壬
四一	下			四	第廿八字	編	纂
四一	下			六	第十七字	没	泥
四二	上			十	第十五字	央	夬
四四	下			十一	第三字	七六夬	七五夬
四六	下			五	第六字	困	困
五三	下			二	第三字下	逆順	順逆

卷四　校勘表　玄空淺說

頁	面	行	字	誤	正
二	上	三	第二十字下	瑩兆	兆瑩
三	下	七	小註	二運　入	二運二入
四	下	八	第十六字	丙	向